Louise Mercier

Le bonheur, la dépendance à soi-même

Une société de Québecor Média

D1331827

DISTRIBUTEURS EXCLUSIFS

- Pour le Canada et les États-Unis :
MESSAGERIES ADP*
2315, rue de la Province
Longueuil (Québec) J4G 1G4
Tél. : 450 640-1237
Télécopieur : 450 674-6237
* une division du Groupe Sogides inc.,
filiale du Groupe Livre Québecor Média inc.

- Pour la France et les autres pays :
INTERFORUM editis
Immeuble Paryseine, 3, Allée de la Seine
94854 Ivry CEDEX
Tél. : 33 (0) 4 49 59 11 56/91
Télécopieur : 33 (0) 1 49 59 11 33

Service commande France métropolitaine
Tél. : 33 (0) 2 38 32 71 00
Télécopieur : 33 (0) 2 38 32 71 28
Internet : www.interforum.fr

Service commandes Export – DOM-TOM
Télécopieur : 33 (0) 2 38 32 78 86
Internet : www.interforum.fr
Courriel : cdes-export@interforum.fr

- Pour la Suisse :
INTERFORUM editis SUISSE
Case postale 69 – CH 1701 Fribourg – Suisse
Tél. : 41 (0) 26 460 80 60
Télécopieur : 41 (0) 26 460 80 68
Internet : www.interforumsuisse.ch
Courriel : office@interforumsuisse.ch

Distributeur : OLF S.A.
ZI. 3, Corminboeuf
Case postale 1061 – CH 1701 Fribourg – Suisse

Commandes : Tél. : 41 (0) 26 467 53 33
Télécopieur : 41 (0) 26 467 54 66
Internet : www.olf.ch
Courriel : information@olf.ch

- Pour la Belgique et le Luxembourg :
INTERFORUM BENELUX S.A.
Fond Jean-Pâques, 6
B-1348 Louvain-La-Neuve
Tél. : 00 32 10 42 03 20
Télécopieur : 00 32 10 41 20 24

Introduction

Ce livre se veut avant tout un outil de réflexion permettant au lecteur de percevoir sa situation personnelle, et plus spécifiquement sa relation amoureuse, dans une autre perspective, et ainsi d'en avoir une meilleure compréhension. Ce n'est pas une solution de rechange à la thérapie psychologique ou à la consultation conjugale; ce serait plutôt un complément à celles-ci. Mon vœu serait que ce livre provoque un déclic, une étincelle permettant l'amorce d'un changement vers une vie personnelle plus enrichissante, plus satisfaisante, plus joyeuse et aussi plus authentique. Une vie qui vous ressemblera et vous permettra d'atteindre vos buts et votre raison d'être.

Avant d'avoir lu les principaux ouvrages sur le sujet, mon désir le plus grand était d'aider les autres à cheminer dans leur vie, de contribuer à diminuer la souffrance et de prendre part à la construction d'un monde meilleur. Cette motivation à l'écriture a évolué; elle est devenue en cours de route plus nuancée, moins absolue. La réflexion inhérente à l'écriture m'a permis de mieux me connaître et d'explorer ma propre souffrance, celle qui m'était si rebutante.

Cela m'a permis de mieux circonscrire la notion de souffrance et le rôle qu'elle joue dans nos vies. Nous vivons dans une société individuelle et hédoniste qui proscrit le mal-être. On n'a qu'à répondre négativement à la question usuelle d'une connaissance «Ça va?», pour mesurer l'obligation au bonheur. J'ai tenté l'expérience avec une partenaire de bénévolat en lui répondant par la négative. Après avoir vécu ce moment avec embarras et stupeur, elle me pose maintenant cette question avec appréhension !

À mon sens, la vie idéale n'est pas dénuée de souffrance mais plutôt remplie d'authenticité. Celle de vivre sa vie à soi, de faire face à ses propres défis, d'assimiler son passé, d'assumer les choix que l'on a faits et les actes que l'on a commis. Le bonheur est une affaire personnelle et se construit tous les jours de sa vie. Le meilleur dans tout ça, c'est que le bonheur n'est pas tributaire des autres, de nos conditions de vie, de l'environnement ou des situations que nous devons affronter.

En allant en Afrique, j'ai eu la chance de vivre un de mes rêves de jeunesse. En réalité, j'ai fait deux séjours. Le premier, un safari en tant que touriste, m'a permis d'expérimenter des sensations fortes en côtoyant les animaux de la savane ; le second, tout aussi fort en émotions, en vivant plusieurs semaines chez l'habitant en Tanzanie, l'un des pays les plus pauvres du continent africain. Je croyais y découvrir misère et détresse à l'image des campagnes de publicité pour obtenir des dons. La plupart du temps, ce que j'ai pu observer et ressentir a été tout autre. J'y ai vu des gens heureux, vivant en communauté, s'entraidant les uns les autres. Tout le contraire des enfants qui croisent mon chemin dans le sud-est de Montréal. Le bonheur, comme le credo des *Boys*[1] au hockey, c'est « la force du mental ». C'est la perception que l'on a de soi et des gens qui nous entourent. Ce sont les besoins que l'on juge essentiels à notre bien-être et la mesure dans laquelle on estime qu'ils sont comblés.

Enfant, dès mes premiers jours dans la cour de récréation, j'ai été fascinée par les relations humaines. Qu'est-ce qui fait qu'une personne est populaire, admirée ? Qu'est-ce qui fait qu'une personne est heureuse ? Ne sommes-nous pas tous

---

1. Louis SAÏA, *Les Boys*, 1997, Melenny Productions, 100 min, coul., film.

censés être heureux ? Qu'est-ce qui motive les gens à se comporter comme ils le font, à vivre les vies qu'ils mènent, à fréquenter les amis qu'ils ont, à être près de certains membres de leur famille et loin des autres, et ainsi de suite. Cette curiosité envers l'être humain m'a dirigée vers des études en psychologie et ensuite à un MBA en marketing (question d'étudier les humains dans un contexte précis de comportement d'achat, de motivation à modifier leurs choix, leurs habitudes).

On a tous un potentiel propre, des talents cachés et des caractéristiques qui font de nous ce que nous sommes. Pour ma part, j'attire la confidence, l'épanchement de soi et la demande de conseils. Je croyais que c'était dû à mon écoute et à mon empathie, mais je me suis rendue compte que cela allait au-delà de ces deux qualités. Depuis aussi longtemps que je me souvienne, on s'est confié à moi, pour ensuite me demander conseil. Je n'y avais pas trop prêté attention puisque ça répondait à deux de mes besoins, soit celui de me sentir utile et celui d'être appréciée. Jusqu'à ce que ça devienne quasi caricatural. Dans une même semaine, un médecin spécialiste, pour qui le temps d'attente se compte en mois pour obtenir un rendez-vous, a passé une heure (sur l'heure et quart qu'a duré la rencontre) à se défouler, à me raconter que son travail le conduisait au bord de l'épuisement professionnel, qu'il ne pouvait plus continuer, etc. Ma femme de ménage, que je connaissais à peine, m'a fait une crise de larmes en m'exprimant qu'elle n'était pas heureuse de sa vie et en me demandant ce qu'elle pouvait faire pour changer son sort. Enfin, et c'est la situation la plus saugrenue, le pompiste qui mettait de l'essence dans ma voiture à l'occasion a éclaté en sanglots en me disant qu'il avait de la difficulté avec son patron et ses conditions de travail. Ces trois situations ont en commun que ces gens ne me connaissaient pas, donc ils n'avaient pas expérimenté mon écoute et mon empathie, mais ils ont perçu chez moi quelque chose qui les a mis en confiance et ils se sont laissés aller.

Je profite à mon tour de cette confiance pour enrichir mes expériences de vie, faire une analyse plus approfondie du phénomène de dépendance affective et surtout suggérer des pistes de solution pour y mettre fin, ou à tout le moins mieux vivre en sa compagnie.

Je suis, depuis toujours, très sensible à la douleur de l'autre. Je crois avoir de meilleures aptitudes à supporter ma propre douleur (ou à la refouler peut-être) qu'à vivre celle que je perçois chez les autres. Adolescente, mon vœu le plus cher était que tous les gens soient heureux tout le temps (que voulez-vous, j'étais hippie dans l'âme!). Le bonheur des autres était une notion cruciale dans ma vie, sans que je réalise que je portais un jugement sur la présence ou l'absence de bonheur dans la vie des gens m'entourant, basé sur mes propres critères de bien-être. En effet, qu'est-ce que le bonheur? Y a-t-il une seule définition? Ou diffère-t-il d'une personne à l'autre?

Dans une des intrigues d'Agatha Christie, un homme en vient à tuer le mari invalide de celle qu'il aime, car il croit à tort qu'elle est malheureuse de consacrer sa vie à le soigner. Or, la femme se suicide après le décès de son mari, car elle a perdu sa raison de vivre. Cette histoire m'a appris une notion que je n'ai jamais oubliée: on ne peut pas juger du bonheur des autres à partir de notre propre modèle. Qu'importent les conditions dans lesquelles ils vivent, les individus qui nous entourent sont les seuls juges de la satisfaction ou non de leurs besoins et les seuls à pouvoir déterminer pour eux-mêmes leur raison d'être. Le jugement et l'intervention auprès de l'autre ne se justifient qu'en cas de danger physique de violence ou de risque de suicide.

En ayant comme motivation la diminution de la souffrance, on doit s'interroger d'abord sur la source de celle-ci. La souffrance origine souvent de la perception de ne pas avoir ce que l'on croit nécessaire, d'être isolé des autres ou de ce qui nous semble essentiel. Nos critères, notre discours intérieur et l'évaluation de nos besoins essentiels jouent un rôle significatif sur l'intensité et le volume de souffrance que nous expérimentons.

Je ne suis pas psychologue, ni thérapeute, ni coach de vie. Alors pourquoi écrire un livre sur le développement personnel en général et sur la dépendance affective en particulier ? La réponse à cette question est multiple. Principalement, mon désir est de présenter la perspective d'une personne ordinaire qui essaie d'augmenter son vécu de bonheur quotidien, de satisfaction de soi et qui tente un rapprochement envers l'autre. Un point de vue pratico-pratique sur la question, orienté vers une meilleure compréhension de la situation problématique et de ses sources, pour ensuite dégager des pistes de solution. En observant les membres de mon entourage, je me suis rendue compte que la majorité d'entre eux souffrent (oui, c'est le prix de la condition humaine), mais que cette souffrance est souvent associée à une dépendance. Comme je n'ai pas la prétention de croire que mon entourage est unique dans son vécu de dépendance, j'en ai conclu que ce problème est assez répandu et son exploration, nécessaire.

Les pages qui suivent vont tenter d'augmenter « la force du mental »[2] en examinant de façon globale la dépendance affective. Pour mieux la comprendre, nous commencerons par l'exploration de son opposé : la relation amoureuse réussie, ce qui la compose et comment elle se développe dans le temps. Nous esquisserons également un bref aperçu des éléments biochimiques impliqués dans la relation amoureuse, quels neurotransmetteurs et hormones sont sécrétés et quels sont leurs effets sur la personne amoureuse. Une fois le standard de la relation amoureuse établi (par sa rareté, on pourrait le qualifier de « l'idéal à atteindre »), nous allons nous concentrer sur le phénomène de la dépendance affective, d'abord en la définissant et ensuite en explorant ses composantes et ses conséquences sur le couple et sur chacun de ses partenaires. Pour compléter le portrait, nous examinerons également les sources du phénomène. Quelles sont les circonstances ou les influences

---

2. *Ibidem.*

qui conduiront une personne plutôt qu'une autre à devenir dépendante affective? Des exemples concrets de dépendance affective serviront à illustrer les principales caractéristiques. La deuxième partie du livre sera consacrée au processus de guérison, offrira des pistes de solution, abordera un changement de perspective qui pourrait ouvrir la voie vers un mieux-être. Comme on ne change pas en un tournemain, nous présenterons également le processus du changement, les étapes et les difficultés à prévoir. Nous terminerons ce livre en abordant l'avenir et la question du choix d'un prochain partenaire de relation amoureuse gratifiante, ainsi que les principaux pièges auxquels on doit s'attendre.

Chapitre 1
La relation amoureuse

Le premier constat relatif à la relation amoureuse, est que le phénomène occupe un espace considérable dans toutes les sphères de notre vie. Elle fait l'objet d'un nombre incalculable de livres, de chansons, de films, d'émissions de télévision. Par la nature mélancolique et nostalgique de beaucoup de ces créations, on devine que bien des gens tendent vers un idéal amoureux, qui est fortement intégré à leur psychologie interne, mais que peu d'élus obtiennent le succès désiré. Dans bien des cas, c'est la relation la plus importante de notre vie ; on lui accorde donc beaucoup de temps, d'énergie et de réflexion.

Qu'est-ce qu'une relation amoureuse réussie, quels sont les ingrédients qui la composent et qui permettent aux partenaires de vivre harmonieusement ensemble la plupart du temps, mais pas en tout temps ? Contrairement à mon vœu d'adolescente, on ne peut être heureux à tous les moments de notre vie (à l'exception de quelques mystiques ayant atteint une vie spirituelle hors norme qui ne fait pas l'objet de la démarche présente !). Le bonheur constant implique une notion de perfection qui est loin de la nature humaine. Dans les relations amoureuses, il nous faut donc accepter que nous ne serons pas parfaits l'un pour l'autre, accepter une part d'insatisfaction et de différence. Que se passe-t-il à l'intérieur de nous lorsque nous éprouvons des sensations associées à l'amour ? Est-ce normal qu'une sensation éprouvée en début de relation soit remplacée par une autre au fil du temps ? L'exploration de la chimie interne du corps amoureux ou passionné permettra de mieux nous éclairer sur ce que nous ressentons dans la relation amoureuse. Cette section se terminera en examinant la première relation amoureuse que nous avons tous expérimentée, celle vécue à l'enfance avec notre parent principal, souvent la mère, mais le père joue parfois aussi ce rôle.

La relation amoureuse réussie

Les universitaires ayant l'amour comme sujet d'étude principal n'ont pas encore été capables de le réduire à une seule définition, tant le concept est global et important. Le contexte et les liens entre les partenaires influent sur la perspective de l'amour vécu, donc sur sa définition. De façon générale, des sentiments de tendresse et de sollicitude et une joie de voir l'autre exister sont présents lorsqu'on parle d'amour. Pour la relation amoureuse entre deux adultes consentants, un consensus se dessine quant aux éléments indispensables pour accoler le mot « amour » au lien unifiant les deux individus. La passion, l'engagement et l'intimité sont les trois éléments clés qui forment le lien amoureux. Toutefois, pour que ces trois éléments puissent coexister, une confiance mutuelle doit s'installer assez rapidement dans la relation, de façon à permettre à l'engagement et à l'intimité d'éclore de la passion initiale. Sans confiance, une vraie intimité ne peut s'établir. Pour être intime, on doit partager sa vulnérabilité avec l'autre. Se sentir vulnérable, c'est fondamentalement s'ouvrir à l'autre, être sans défense devant lui. Pour espérer atteindre cet état, la sécurité émanant de la confiance en soi et en l'autre est une nécessité. Si la confiance est absente, le réflexe sera de se protéger, de cacher des parties de soi que l'on juge mauvaises ou négatives. Ce qui empêchera le développement d'un rapprochement qui pourrait éventuellement mener à l'intimité.

Le respect est également une notion essentielle. D'une part, le respect de soi: être capable d'établir ses limites, celles qui protègent son intégrité physique et morale; d'autre part, le respect de l'autre: avoir la capacité de percevoir l'autre tel qu'il est et de l'accepter dans sa globalité, dans ses différences et avec ses défauts.

L'amour nous rend vulnérables. Nous nous ouvrons à l'autre sans protection et sans contrôle quant à la souffrance que cet état peut potentiellement engendrer. Je ne suis pas mère, mais tante et marraine de deux magnifiques nièces. À la naissance de la première, j'ai intensément ressenti ce vertige de l'amour inconditionnel pour la première fois de ma vie. J'en étais presque fâchée contre mon frère. Il avait pris la décision d'avoir un enfant et, à la rencontre de sa fille, j'ai immédiatement senti que cette nouvelle présence allait m'affecter pour le reste de ma vie. Je savais instinctivement que je ne serais plus jamais la même et qu'il ne faudrait pas que quelque malheur frappe ce petit être si fragile (elle est née prématurément, six semaines avant terme).

Lorsqu'on aime l'autre, on veut le meilleur pour lui, on veut qu'il s'épanouisse, qu'il soit lui-même, qu'il soit heureux, et ce, même s'il trouve son bonheur en dehors de nous. L'amour qu'on lui porte est désintéressé, il est indépendant de nous et ne se mesure pas à ce que l'autre nous apporte. En fait, nous aimons véritablement lorsque l'amour est plus grand que notre besoin de l'autre. C'est souvent comme une grande amitié: nous n'avons pas besoin de notre ami pour survivre, mais nous sommes très heureux de sa présence à nos côtés. Bien des couples amoureux diront que leur partenaire est aussi leur meilleur ami.

La relation amoureuse gratifiante ne survient qu'en présence de deux partenaires. Le degré d'engagement qu'elle requiert élimine *de facto* les relations à plus de deux personnes. Une relation à plusieurs peut contenir de l'amour, du sexe, de la tendresse à divers degrés, mais elle ne constitue pas une relation amoureuse gratifiante pour tous les individus impliqués. Il y a forcément des déséquilibres. D'ailleurs, il serait très difficile d'atteindre le niveau d'intimité et d'engagement requis envers chacun des partenaires composant la relation multiple au cours d'une même période.

À l'opposé, lorsque le sentiment d'amour est éprouvé par une seule personne, le sujet aimé n'étant parfois même pas au courant de l'existence de cette dernière, la relation amoureuse ne peut pas exister. Le sujet aimé n'accordant pas sa présence à la relation, il ne peut y avoir intimité ni engagement. La passion ressentie peut découler d'une grande attirance physique, couplée à un attachement à la création mentale que la personne s'est faite de l'autre (n'ayant pas accès à la vraie connaissance de celui-ci), puisqu'il ou elle ne lui est pas disponible. Au final, la relation amoureuse ne peut être qu'une relation de couple.

Les partenaires d'une relation amoureuse satisfaisante accomplissent des gestes d'amour qui sont mutuellement bénéfiques. Ils peuvent et veulent donner et recevoir avec autant de bonheur, et ce, sans que cela devienne un exercice comptable. Ces gestes sont posés uniquement dans le but de faire plaisir à l'autre, de lui apporter écoute et soutien, de s'exprimer sur ses propres besoins. Chacun des partenaires ressent simultanément de l'amour pour l'autre et se sent aimé en retour lorsque de tels gestes s'accomplissent. Ces partenaires sont particulièrement disposés à accepter avec joie et gratitude les gestes d'amour de l'autre sans ressentir l'obligation de lui « rendre » son geste automatiquement, de faire quelque chose pour l'autre en retour. Celui qui donne ne s'attend d'ailleurs pas à une réponse de même nature ; il a accompli le geste strictement pour l'autre, sans attente. Si la motivation du geste d'amour est de recevoir quelque chose en échange, il s'agit plutôt de manipulation ou de calcul, mais pas d'amour gratifiant. Les gestes d'amour ne sont pas nécessairement des cadeaux, des chocolats ou des fleurs, comme tous les marchands en proposent à la Saint-Valentin. Ils peuvent prendre plusieurs formes : constamment maintenir le feu de foyer du chalet en s'assurant qu'il y a suffisamment de bois sec à sa disposition si on sait que l'autre est frileux ; s'inscrire à un cours de cuisine même si on est plus ou moins intéressé par la chose parce qu'on désire partager une activité avec l'être aimé ; s'occuper des enfants pour un soir ou un week-end afin que l'autre puisse faire une sortie entre amis.

En résumé, la relation amoureuse réussie se compose de passion, d'engagement, d'intimité, de confiance et de respect mutuels. L'amour ressenti par les partenaires est désintéressé, ces derniers aiment davantage qu'ils ont besoin de leur conjoint. La relation est vécue exclusivement entre deux personnes, pas plus, pas moins. Les échanges amoureux sont parsemés de gestes mutuellement bénéfiques qui font ressentir à l'un comme à l'autre que l'amour est offert et accepté.

Les créations amoureuses : l'illusion de l'autre et le concept du couple idéal

La création d'une image mentale personnelle de l'autre est également un élément intrinsèque à la relation amoureuse. J'ai long-temps cru, à tort, qu'à l'éclosion de la rencontre amoureuse on se situe devant une page blanche, que tout est à faire : on se rencontre, on ne se connaît pas, on part à la découverte l'un de l'autre. La vie a décidé de me détromper. J'ai fait la rencontre d'un Africain et nous sommes tombés amoureux l'un de l'autre. En fait, telle était ma croyance à l'époque. Ce fut toute une aventure car tout nous séparait : notre langue maternelle, notre éducation, nos expériences de vie, notre manière d'être. Un bon exemple illustrant l'écart de perception nous séparant fut un trajet « d'autobus » pour se rendre à la gare. Sur un chemin sablonneux arrive ce que mon amoureux désignait comme l'autobus. C'était plutôt un genre de mini fourgonnette, déjà occupée par environ une vingtaine de personnes (le maximum légal au Québec aurait été de huit personnes). On m'indique alors de m'installer sur le marchepied extérieur et de m'accro-cher au toit du véhicule. Précaire comme position ! Mais je me suis dit que nous étions sur une route qui ne permettait pas la vitesse et que le trajet serait court. Deux présomptions qui se sont révélées inexactes ! Quittant le chemin sablonneux, nous nous sommes engagés sur une voie de circulation que je qualifierais d'autoroute et nous avons roulé à plus de 100 km à l'heure pendant un bon moment. Inutile de vous dire que j'étais furieuse à notre arrivée à la gare, mais mon amoureux a réagi avec une incompréhension totale, car cette façon de « voyager » était tout à fait habituelle pour lui. Un conflit s'en est suivi où chacun a souffert de l'incompréhension de l'autre.

Ce fut une relation très excitante et très formatrice, car mes limites étaient constamment mises à l'épreuve. Cela a également été un processus laborieux, souffrant et dépaysant quand j'ai compris que j'étais tombée amoureuse d'une illusion, de l'image que j'avais créée dans ma tête de qui il était. Comme je l'avais créée, cette illusion me satisfaisait beaucoup et il m'a été très difficile de l'abandonner. L'écart entre ma création et la réalité était trop grand pour que nous puissions vivre une relation satisfaisante ensemble. De son côté, mon amoureux avait également bâti une illusion me concernant, mais il n'avait aucune envie de la modifier afin qu'elle corresponde davantage à ma réalité. En bout de ligne, être mutuellement amoureux d'un être irréel comportait trop d'insatisfactions et de frustrations pour moi, j'ai dû faire le deuil de cette relation.

L'illusion de départ n'est généralement pas construite intentionnellement ou consciemment. On rencontre une personne qui nous est inconnue, pour laquelle on éprouve une forte attirance, une envie de rapprochement. S'enclenche alors un processus de déductions, de présomptions et d'hypothèses nous servant à mieux la définir, à mieux la cerner. Cette personne ne possède pas notre génétique et n'a pas expérimenté le même milieu familial que nous. Il nous faut donc aller à sa découverte. Entrer en relation avec une autre personne est essentiellement un processus d'apprentissage et de questionnement de nos acquis. La rencontre de l'autre nous oblige à réaliser que ce que nous prenions pour la norme était en fait spécifique à notre famille. Nous observons et analysons l'attitude et les comportements de notre partenaire pour en déduire ses intentions. La clé réside dans la communication et la vérification de nos hypothèses, de notre raisonnement. On transforme ainsi peu à peu l'illusion première en la réalité individuelle que constitue notre amoureux.

Le sentiment amoureux est créateur. En plus de l'illusion de départ que l'on se construit de l'autre, il crée du bien-être, ainsi que le couple en tant que tel, et il est porteur d'idéal. Lorsque deux personnes se rencontrent dans un contexte amoureux, elles ressentent un profond bien-être (nous verrons les éléments chimiques qui sont à l'origine de cet état dans les pages suivantes). Ce bien-être transforme la perspective de l'amoureux, qui devient des plus positives. Tous ceux qui ont fait l'expérience de la passion d'un amour débutant savent que la vie, les gens, le monde en général, sont plus beaux, que tout est meilleur. Tout, y compris la vision que l'on a de soi-même et de l'autre. Le nouvel amoureux se concentre sur les aspects de l'autre qui lui font du bien et qui correspondent à ce qu'est le couple idéal pour lui.

Cette notion préexistante de « couple idéal » empêche également le couple d'entamer la relation en mode « page blanche ». Cette conception du couple se bâtit peu à peu dans l'enfance, et souvent inconsciemment, par l'observation des couples qui nous entourent, spécialement celui de nos parents. Elle prend appui également auprès de la sphère culturelle dans laquelle on grandit et on évolue. Les émissions de télévision traitant de la famille et des amoureux, les films relatant des histoires épiques de passions intenses, les livres, les chansons, la radio et Internet sont autant de sources qui influencent notre conception personnelle de ce qu'est l'amour et de la manière dont la vie en couple se déroule.

Ayant grandi en écoutant religieusement les émissions américaines (je ne suis arrivée au Québec qu'à neuf ans et les habitudes télévisuelles de la famille étaient déjà bien ancrées ailleurs), où tout problème familial, social ou de couple se résout en 30 ou 60 minutes, publicités incluses, j'en ai conclu que c'était la façon de faire. De plus, à la télévision les personnages se parlaient de tout ce qui les préoccupait et utilisaient toujours les bons mots. Sans m'en rendre compte, les notions véhiculées dans ces émissions, bien plus que celles qui l'étaient dans ma famille et surtout chez mes parents, sont devenues des vérités à suivre dans ma vie. Mes parents ont divorcé quand j'avais dix-sept ans. C'était tellement inhabituel à l'époque, dans la région où je vivais, que deux familles amies ont offert de m'adopter! Comme bien d'autres, j'ai longtemps cru que nous étions la seule famille qui n'était pas comme celles de la télévision. Chez nous, les problèmes persistaient pendant bien longtemps et on ne se parlait pas beaucoup des «vraies affaires». Mon modèle de couple et de vie de famille se situait donc à l'extérieur de mon vécu quotidien. Il m'a fallu énormément de temps et un long questionnement critique pour me rendre compte que c'était les familles télévisuelles qui n'existaient pas, que le couple parfait et la famille idéale sont rarissimes.

Toute relation amoureuse débute donc avec un minimum d'idées préconçues. Le modèle du couple, créé à l'enfance et à l'adolescence, est présent au moment de la rencontre amoureuse. Il s'intègre au couple et est différent pour chacun des partenaires (le couple a de meilleures chances de succès si les modèles se ressemblent). En reconnaissant notre conception du couple idéal et en la partageant avec notre partenaire, on ajustera son contenu pour privilégier son influence positive et diminuer les malentendus potentiels. Cette prise de conscience de la conception du couple initial créera une bonne base pour construire un modèle de couple qui servira sa propre histoire d'amour, selon ses besoins et les envies mutuelles.

En conclusion, la relation amoureuse gratifiante ne se créé pas dans un *vacuum* isolé. Les partenaires se rencontrent en ayant déjà leurs idées sur ce qu'est le couple idéal, idées qui ne seront pas nécessairement semblables. De plus, au départ, chacun se bâtit plus ou moins inconsciemment une image de l'autre. Cette image devra éventuellement être confrontée à la réalité pour que la relation puisse se poursuivre dans l'authenticité et devenir mutuellement satisfaisante.

De l'exaltation de la passion au confort de l'intimité, l'amour se transforme

La relation amoureuse n'est pas un état stagnant, elle se développe au fil du temps passé ensemble et des expériences partagées. Certains sont persuadés que si l'intense passion des débuts a disparu, cela signifie que le couple n'est plus amoureux et qu'il doit se dissoudre. Évidemment, il peut arriver que l'amour ne survive pas à la phase passionnelle de la relation. L'aventure amoureuse a suivi son cours normal et les partenaires ont vécu ce qu'ils avaient à vivre dans la relation. L'amour passionnel peut aussi s'avérer être en fait une relation de dépendance affective, notion que nous explorerons en profondeur dans la section suivante de ce livre. Dans le cheminement normal d'un amour satisfaisant, d'un amour durable entre deux personnes, la relation transite d'un état purement passionnel à un état plus intime, plus mature et plus engagé dans l'authenticité.

La phase initiale : l'amour fou, l'amour passion

Cette phase est euphorique. C'est la phase où l'on ne peut se passer l'un de l'autre. On souffre si l'autre n'est pas là. Il se crée à ce moment une dépendance affective saine. Notre partenaire est parfait, on amplifie ses qualités et on atténue ses défauts. Cette période d'idéalisation mutuelle permet à l'attachement de s'installer. Le couple, cette troisième entité de la relation, se construit après cette phase, il se bâtira en complément aux deux partenaires. À ce stade, l'expérience est fusionnelle. Tout notre être se tend vers l'autre, notre attention est totalement sous l'emprise de cette passion. On est obsédé par l'autre. C'est la période où nos pensées, notre discours et notre attention sont complètement accaparés par l'être aimé. Un rien nous déconcentre et tout nous ramène à lui, les liens les plus incongrus sont établis par notre cerveau obnubilé. Je me rappelle un souper avec une bonne amie qui était en plein dans cette phase. Nous ne nous étions pas vues depuis un bon bout de temps, contrairement à nos habitudes. J'avais bien hâte de partager ce moment en sa compagnie. La soirée ne s'est malheureusement pas déroulée comme je l'espérais. La conversation s'est exclusivement concentrée sur son nouvel amoureux et leur relation. Lorsque j'eus l'impression que nous allions enfin passer à autre chose, elle me dit, toute songeuse : « Je me demande qu'est-ce qu'il fait en ce moment ! » Disons que j'en ai conclu qu'elle n'était peut-être pas prête à reprendre sa vie sociale habituelle.

Dans la phase passion, les amoureux sont en mode séduction l'un envers l'autre, ce qui en fait une expérience sélective, les partenaires ne voulant pas tout dévoiler dès le départ. Ils présentent à l'autre seulement ce qu'ils estiment que ce dernier appréciera, et eux-mêmes se concentrent sur ce qu'ils aiment de l'autre. Comme la phase privilégie la séduction et que l'attraction physique intense entre les deux amoureux « aveugle » les participants, le paraître (superficiel) prend le dessus sur l'être (l'authenticité). Le moteur de l'action et de l'attitude est l'évaluation et l'interprétation de ce que l'on croit être le désir de l'autre. La relation est fusionnelle. On ne forme qu'un. On se situe dans l'extrême subjectivité, l'espace requis pour l'observation plus objective de l'autre ne pouvant exister, car elle demande un détachement, un espace de séparation que les participants ne sont pas prêts à vivre à cette étape de leur amour. Les émotions ressenties sont intenses et extrêmes. On a le vertige à réaliser dans quel état euphorique nous nous trouvons et combien l'autre en est la cause. On est au nirvana et on veut y demeurer. On se sent tellement privilégié d'être aimé par une personne qu'on idéalise, que notre confiance en nous-mêmes se gonfle et que l'on croit pouvoir tout accomplir.

À cette étape, ce n'est pas tant l'autre avec ses caractéristiques propres qui est primordial, mais bien l'expérience qu'il nous procure et les sensations qu'il nous fait vivre. L'illusion de l'autre est à son apogée à ce moment-là. On cherche constamment à être rassuré par la présence, la passion, le sentiment réciproque de l'autre. Les craintes persistent même si notre partenaire fait tout pour nous apaiser. L'intensité de cette phase et sa capacité à nous immerger complètement, au détriment des autres aspects de notre vie, la rendent difficile à vivre à long terme. Dans les cas extrêmes, elle peut devenir insoutenable.

C'est là qu'apparaît la transition. On transforme une partie de l'excitation, de l'intensité de l'émotion, très énergivores de la phase passion, en un confort plus grand, une sécurité qui permettra une intimité accrue et un engagement durable. Les sentiments et les émotions éprouvés sont tout aussi forts dans la deuxième phase de l'amour, mais la nature de ceux-ci se transforme. Ils évoluent de manière à devenir plus tolérables dans une vie quotidienne à deux. Ils subissent également les modifications dues aux découvertes et aux nouvelles expériences qu'apportent l'intimité et l'engagement. Dans la transition, les amoureux cherchent à acquérir leur propre autonomie. D'une relation fusionnelle où on ne faisait qu'un, on évolue vers deux entités distinctes partageant une relation de couple. On devient donc trois !

La phase ultime : l'amour qui dure, l'amour solide

L'illusion de départ est remplacée peu à peu par la réalité, par les caractéristiques, les attitudes, la manière d'être du partenaire amoureux. On sort de soi et de la création que nous avions faite de l'autre pour s'ouvrir réellement à lui. Comme nous l'avons déjà mentionné, l'intimité requiert que l'on se montre vulnérable l'un à l'autre et seule l'authenticité d'être soi permet de se montrer vulnérable à l'autre. Dans cette phase, comme dans la précédente, la confiance est un des piliers de la fondation de l'amour. Sans confiance, point de relation satisfaisante et gratifiante.

On quitte donc l'exaltation du mode de séduction et ses pièges pour le bonheur d'être aimé pour soi, pour ce qui nous rend unique. On peut maintenant se sentir tout à fait à l'aise d'agir en harmonie avec l'essence de qui nous sommes. La transition entre les deux phases de l'amour est un moment charnière de la relation, un moment propice à la rupture. En effet, si l'un des partenaires a idéalisé l'autre au point où il n'y a pas d'intersection entre l'illusion et la réalité, la relation sera pleine de malentendus, d'attentes non résolues et de conflits. Pour certains, la définition de l'amour se restreint à l'intensité de la passion. Ils n'auront donc pas envie de poursuivre la relation une fois cette phase terminée.

Un gage de succès pour le couple à ce stade est que l'écart soit le plus petit possible entre l'illusion initiale et la vraie personne. À la base, nous sommes des animaux qui réagissent généralement au renforcement par une augmentation des comportements récompensés. De même, lors de l'amour passion, les partenaires ont pu se changer l'un l'autre de façon inconsciente en répondant favorablement aux gestes conformes à l'idéal de couple du partenaire. L'écart se serait donc aminci, augmentant ainsi la probabilité du succès relationnel.

Bien qu'il s'agisse de la phase de l'engagement et de l'intimité, les partenaires auront paradoxalement à pratiquer le détachement. On ne peut vraiment connaître quelqu'un avec qui on a une relation fusionnelle. Un espace permettant l'observation est requis, même lorsque c'est soi-même que l'on veut observer. On ne peut le faire qu'en adoptant un point de vue extérieur à soi. Pour être constructive et porteuse d'avenir, l'observation doit être faite sans jugement. Comme à l'école lorsqu'on nous faisait disséquer une grenouille pour voir ce qu'il y a à l'intérieur. Le détachement nécessaire à cette phase permet donc aux amoureux de vivre l'un sans l'autre sans se sentir au bord du gouffre ; l'autre n'est plus perçu comme essentiel à la survie psychologique. Dans cette phase, on aime être en présence l'un de l'autre, on ressent de la joie à l'idée que l'autre existe, on aime pratiquer des activités ensemble, on retire un grand plaisir à donner et à recevoir du soutien et de l'aide dans son couple. Cependant, si, pour un temps, l'autre ne peut être présent ou disponible, on accepte et comprend la situation, car le bonheur et les besoins de l'autre sont précieux à nos yeux.

Cette notion de savoir donner et recevoir de l'aide est importante pour le développement de l'intimité. Lorsqu'on demande de l'aide, on se trouve dans un état très vulnérable. La situation se vit très difficilement, car nous ne voyons pas comment nous allons nous en sortir tout seuls et malgré tout, notre ego a peur d'essuyer une réponse négative. Nous devons surmonter cette appréhension pour pouvoir obtenir l'aide désirée. À certains, cela demande un effort considérable et une dose de courage. Souvent, dans un couple, l'un donne et l'autre reçoit ; la dynamique s'est établie ainsi. Dans une relation amoureuse épanouie, l'équilibre est privilégié. Les deux partenaires donnent et reçoivent dans des proportions assez semblables (pas avec la précision d'une science exacte, mais de manière que les deux partenaires ressentent qu'ils donnent et reçoivent de façon équivalente). De plus, la confiance et la sécurité qui sont présentes leur permettent de demander l'aide dont ils ont besoin.

La relation amoureuse réussie n'est pas une relation parfaite où chacun est satisfait à 100 % et où le bonheur règne à tout moment. Certains disent que la relation de couple comporte toujours une dizaine de sources de conflits qui, pour une raison ou une autre, seront imperméables aux compromis, aux discussions, aux efforts des partenaires pour les éliminer. Je ne sais pas si ce chiffre est une règle absolue, mais la présence de ces irréductibles crée à mon sens un coussin de permission d'être humain. Nos imperfections ne disparaissent pas par enchantement à l'arrivée d'une relation amoureuse gratifiante. La compréhension mutuelle qu'il nous faut tolérer et accepter nos défauts et ceux de l'autre permet à la relation amoureuse de mieux « respirer », d'être une source de réconfort. En entrant dans cette phase de la relation, nous sommes de plus en plus conscients des imperfections de l'autre. Certaines sources de conflits ne sont peut-être pas des défauts en soi, mais des différences. Par exemple, si l'un des partenaires valorise tellement la ponctualité qu'il arrive souvent en avance à un rendez-vous, par opposition à l'autre qui est d'un naturel plus souple sur cette question ou même qui doit faire un effort pour s'assurer d'être à l'heure, ce dernier pourrait ne pas apprécier du tout la pression qu'engendre le désir de ponctualité de l'autre. Si l'on s'attend à des différences, à des défauts, à des manies, à des comportements qui agacent, il sera plus facile de les recevoir avec une attitude de soutien et de compréhension. Bien sûr, on parle ici d'éléments qui nous causent quelques désagréments, mais qui ne représentent pas de danger pour notre intégrité physique et morale et qui ne sont pas essentiels. Une personne en qui nous n'avons pas confiance ou qui ne nous respecte pas ne devrait pas être reçue avec soutien et compréhension. On parle ici d'éléments auxquels on peut s'adapter, si on en fait l'effort.

Dans cette phase de profonde modification du couple, où l'illusion première laisse la place à la réalité de l'autre, les partenaires font le deuil de leurs illusions respectives. Le deuil, comme chacun le sait est douloureux. Curieusement, il l'est même lorsqu'il s'agit d'un concept que l'on s'est construit, de quelque chose qui n'existe pas dans la réalité. La personnification du ballon de volleyball « Wilson » par Tom Hanks dans *Seul au monde*[3] en est un bon exemple. Ce ballon représentait pour le héros (et pour les spectateurs) son seul ami, celui avec

---

3. Robert ZSMESCKIS, *Seul au monde* = *Cast Away*, 2000, 20th Century Fox, DeamWorks SKG, ImageMovers, 143 min, coul., film.

qui il pouvait parler et supporter son sort de rescapé sur une île déserte. J'ai pleuré quand le ballon a été perdu dans une tempête, tellement la représentation et la projection sur l'objet avaient réussi à créer un véritable personnage.

Ce remplacement graduel de l'illusion par la réalité est aussi un exercice personnel. Il n'implique pas l'autre, car nous sommes les seuls créateurs de notre illusion. Celle-ci exerce une forte attraction sur nous, car nous l'avons créée pour répondre en tous points à nos besoins et à nos envies. C'est la personne parfaite pour nous. Imaginez la douleur de la laisser tomber ! Une chance que l'amour est présent pour pallier cette période difficile, quoiqu'essentielle. L'amour augmente notre capacité à accepter les découvertes que l'on fait chez l'autre. Particulièrement, ces éléments qui diffèrent de l'illusion initiale et ceux qui diffèrent de l'un à l'autre des partenaires.

On entend souvent les gens dire qu'ils sont à la recherche de leur âme sœur, la personne pour eux, la seule qui pourra les satisfaire complètement. En réalité, souhaiter rencontrer son âme sœur, c'est souhaiter réaliser son plein potentiel, vivre sa vie le plus totalement possible. L'âme sœur n'est pas la personne qui aplanira toutes nos difficultés, qui rendra notre vie semblable à un long fleuve tranquille. Au contraire, par sa nature, par son côté complémentaire, cette personne nous poussera à explorer notre être en entier, même les parties sombres et celles que l'on se cache à soi-même. Je crois au précepte d'Oprah Winfrey[4] qui dit que notre mission sur terre est de découvrir qui nous sommes et de vivre notre plein potentiel en tant qu'êtres uniques. Ce qui n'est certainement pas aisé à accomplir ; l'âme sœur est là pour nous aider à y parvenir.

En résumé, on peut parler de relation amoureuse réussie lorsque l'on voit son partenaire pour ce qu'il est réellement. C'est une relation où la passion, l'intimité et l'engagement sont

---

4. Animatrice et productrice de télévision, propriétaire du réseau de télévision OWN, critique littéraire et éditrice de magazines, humanitaire, etc.

présents. L'amour ressenti pour l'autre est désintéressé. L'autre n'est pas là pour combler nos besoins, il est une personne à part entière avec qui on aime être et pour qui on prend plaisir à accomplir des gestes qui lui seront bénéfiques. On aime son partenaire dans sa globalité, même si on apprécie moins certaines de ses caractéristiques. Le respect et la confiance sont essentiels à la réussite d'une relation amoureuse. Sans eux, il est bien difficile de parler d'amour véritable. Bien entendu, d'autres éléments peuvent s'ajouter à cette liste de composantes, selon nos valeurs et nos préférences (pour ma part, mon partenaire doit non seulement pouvoir me faire rire, mais il doit aussi me trouver drôle!). Mais elles représentent le consensus des conditions essentielles.

La chimie amoureuse

On a fait beaucoup de chemin depuis les débuts de la psychologie et de la psychanalyse dans l'étude des émotions, des sensations, des relations humaines. C'est difficile à accepter, mais nos émotions, nos ressentis découlent en partie de notre chimie interne. Je suis la première à résister à cette notion, mon ego ne l'aime pas du tout. Je crois que cette difficulté à accepter que nos humeurs et nos états d'âme soient dépendants des niveaux de substances biochimiques de notre corps est considérable et même nuisible. J'ai observé à plusieurs reprises dans mon entourage une résistance à prendre des médicaments qui visent l'affect; des gens ayant une croyance très forte qu'ils devraient être plus forts, plus «capables» en ce qui concerne leur situation. Comme si on se disait: j'ai une jambe cassée, mais je ne veux pas de plâtre, je dois être plus forte que cette fracture! Exposé de cette manière, c'est facile à comprendre, mais cela demeure difficile à intégrer, car nous sommes souvent les premiers à nous juger et à ne pas accepter ce qui nous apparaît comme une faiblesse.

Pour la chimie amoureuse, j'ai éprouvé la même réticence. Je voulais croire à la magie de la rencontre amoureuse, à la destinée, aux hasards de la vie. Je ne voulais pas en faire un sujet scientifique. Cependant, je me suis ralliée au principe qu'une meilleure compréhension des phénomènes impliqués augmenterait ma capacité à accepter certains éléments de la relation amoureuse et diminuerait mon désir de contrôle, ce qui laisserait place à un accroissement de bonheur. Alors, plongeons!

Selon la neurobiologiste Helen Fisher[5], la biochimie de l'établissement d'un couple sexuel suit trois étapes: le désir sexuel, l'attraction spéciale pour une autre personne et l'attachement (installation dans la durée). L'attirance sexuelle est composée de bien des éléments dont les phéromones. Ce sont des particules microscopiques qui sont libérées par notre corps et qui «communiquent» avec les phéromones des êtres que nous croisons. Elles font partie des informations inconscientes qui nourrissent notre instinct. Quand l'attrait envers une personne est partagé et qu'une fréquentation assidue s'installe, le corps sécrète des neurotransmetteurs au contact de cette personne. Un neurotransmetteur a comme fonction de faire circuler de l'information vers le cerveau. Au début de la relation, les neurotransmetteurs privilégiés sont l'endorphine (qui transmet au cerveau que nous faisons l'expérience du plaisir) et de la dopamine (transmission au cerveau du plaisir anticipé, de l'accès à l'imaginaire, de la motivation à agir; la cocaïne et les amphétamines produisent aussi un surplus de dopamine, mais l'amour demeure son plus grand émetteur).

Dans la relation amoureuse romantique comme dans la relation d'amour parent-enfant, une hormone spécifique est sécrétée, l'ocytocine. C'est l'hormone de l'attachement. On l'appelle également l'hormone de la maternité, car les gestes tendres, affectueux, le toucher, la douceur, la tendresse, le massage favorisent sa sécrétion. Le bien-être de s'immerger dans l'eau chaude est également dû à une poussée d'ocytocine. Plus les

---

5. Propos recueillis dans le livre de Lucy VINCENT, *Comment devient-on amoureux?*, 2004, Éditions Odile Jacob, 192 pages.

gestes affectueux se multiplient et sont fréquents, plus la sécrétion d'ocytocine est importante et plus l'attachement se fortifie.

Lorsque les amoureux en viennent à consommer leur amour sexuellement, l'ocytocine est relâchée dans le corps, entre autres lors de l'atteinte de l'orgasme (de façon plus marquée pour la femme). C'est également l'hormone de la confiance en soi et du bien-être. Cela explique qu'en amour on a souvent l'impression que l'on est capable de tout, que l'on pourrait conquérir l'univers. Cette hormone multifonctionnelle prolonge également l'action des endorphines liées au plaisir, telle la dopamine. L'amoureux, comme le drogué, a besoin de doses de plus en plus fortes, d'être constamment en présence de l'autre, qui est source de plaisir et de bonheur, mais le cerveau s'habitue aux doses et y réagit de moins en moins. Ce qui crée un manque et une certaine détresse. C'est l'intensité de la phase passion.

Heureusement, la sérotonine apparaît. C'est l'hormone de l'apaisement et de la régulation de l'humeur. Elle permet de prendre du recul, de faire une pause. C'est l'hormone de la sérénité, celle qui contrôle les pulsions d'agressivité et d'évitement de la douleur, celle qui régularise le sommeil. La sécrétion de cette hormone permet à la relation de transiter de la phase amour passion à la phase amour solide. Elle calme le jeu. Cela ne signifie pas la fin de l'amour, comme certains le croient, mais bien sa transition vers un autre état.

Lorsqu'on est amoureux et que les choses évoluent, on a tendance à se poser toutes sortes de questions, à se demander si on a fait des erreurs qui auraient engendré les changements observés. On recherche la stabilité et on cherche à être rassuré. La biochimie nous indique que les changements sont tout à fait normaux dans la relation amoureuse et qu'ils sont même nécessaires. Il serait extrêmement exigeant de vivre une intense passion à long terme. Ce serait grandement énergivore et contre-productif dans les autres aspects de notre vie.

La première relation amoureuse : le bébé et ses parents

On naît tous dépendants et on le demeure à des degrés plus ou moins grands. En effet, l'humain est l'espèce animale dont le temps de développement de la progéniture est le plus long. Nous ne fonctionnons pas comme les gnous de la savane africaine qui, une fois nés, doivent se tenir debout dans l'immédiat (au risque d'être abandonnés par la mère qui les jugera trop faibles) et avoir peut-être à fuir les prédateurs dans les heures qui suivront leur naissance ! Disons que nous sommes à l'extrême de ce spectre, si on pense à l'âge où les enfants quittent le domicile parental de nos jours. Des débuts de vie en dépendance ultime donc. En fait, la prime enfance est le seul moment dans la vie d'un individu où l'amour fusionnel (un amour tellement proche qu'on ne forme plus qu'un) est sain et nécessaire. Les parents doivent répondre totalement aux besoins du bébé, car il ne peut rien faire sans eux. Comme cette dépendance est une question de survie, le bébé développera instinctivement des stratégies pour garder son pourvoyeur auprès de lui. (On pense aux nuits mouvementées où le bébé pleure dès qu'on le quitte.)

Malgré toute la bonne volonté parentale, le bébé va vivre des moments où il fera l'expérience de l'absence de l'autre ; il sentira un vide, un manque et, en conséquence, de la souffrance. Si ces absences ne se prolongent pas au-delà des capacités du bébé et si elles se produisent à un rythme qui ne surpasse pas ses limites, il saura développer des stratégies pour pallier ces absences et acquérir petit à petit son autonomie. Il utilisera ses propres ressources, et ce sera le début d'une belle relation avec lui-même. Ce processus déterminera comment le bébé devenu adulte pourra composer avec la solitude. Si les besoins d'amour et de sécurité ont été suffisamment comblés et que les absences sont demeurées dans les limites des capacités du bébé, celui-ci pourra se sentir bien avec lui-même. Cet isolement deviendra avec le temps un espace où la création et l'imaginaire pourront éclore et se développer. La solitude ne sera pas équivalente à la souffrance, car il ne ressentira pas de vide ou de manque insoutenable. À l'inverse, le bébé qui n'a pas eu la chance d'avoir un environnement pourvoyeur de ces éléments souffrira intensément de la solitude. Cet état lui fera ressentir un manque, un vide, une impression de ne pas être complet sans un autre. Cette souffrance l'accompagnera toute sa vie s'il n'accomplit pas les gestes nécessaires à la guérison de son passé. (On explorera plus amplement cette question quand on abordera la dépendance affective.) Dans les cas les plus graves de manque d'amour, le bébé ne développera pas le désir d'aimer (lui-même ou quelqu'un d'autre) et pourrait ne pas ressentir de désir de vivre. L'amour est essentiel au développement d'un être humain sain. Les responsables d'un orphelinat en Europe de l'Est ont été stupéfaits de constater que les bébés ayant leur couchette le plus à l'arrière de la salle, donc ceux qui recevaient le moins d'attention du personnel, démontraient une tendance marquée à moins bien se développer que ceux des couchettes plus à l'avant. Ils ont alors modifié leur façon de faire en établissant une rotation des couchettes.

Le nourrisson expérimentera donc rapidement le début d'une relation d'amour. La présence de la mère à ses côtés lui fait ressentir qu'il est aimé et entouré. Peu à peu, il fera la différence entre lui et ce qui lui est extérieur, et ce sera le début de son autonomie. S'il grandit dans un environnement sécuritaire et où il reçoit l'amour constant de ses parents, que ceux-ci l'aiment comme il est, le bébé complétera sa différenciation et saura s'apprécier en tant qu'être unique. Pour bien souligner son unicité et affirmer son autonomie, l'enfant tentera de se différencier des autres de façon marquée (avec, entre autres, l'apprentissage du « non » vers l'âge de deux ans). La façon dont l'entourage recevra ces tentatives sera déterminante. Si elles sont reçues avec soutien et compréhension dans un encadrement ferme et constant, l'enfant se sentira confiant; il percevra qu'il peut être lui-même sans se sentir incomplet.

Ces premières années fournissent également au bébé deux modèles de relation amoureuse. L'enfant retient bien des leçons de sa relation avec chacun de ses parents. Il intègre autant les stratégies gagnantes que les mécanismes de défense. Comme les parents ont eux aussi beaucoup appris de leurs parents et de leur histoire familiale, ils transmettent parfois inconsciemment, parfois intentionnellement, des façons d'être en relation les uns avec les autres. L'idée du couple idéal se crée en grande partie à partir de la relation de l'enfant avec sa mère et son père, que ce soit dans l'imitation ou dans l'opposition. En fonction de la qualité perçue de la relation, on voudra retrouver le bien-être ressenti auprès de sa mère ou, au contraire, on voudra éviter tout ce qui pourrait nous rappeler les émotions vécues à la maison familiale.

Le deuxième modèle sous le regard de l'enfant est la relation de couple que forment ses deux parents. Quelle est la qualité des échanges ? Sont-ils affectueux ? Y a-t-il beaucoup de conflits ? Sont-ils heureux en présence l'un de l'autre ? Les parents sont des êtres plus grands que nature dans la vie de l'enfant, il les observe constamment et en tire ses propres conclusions. Ce modèle fera également partie du processus de création de ce qu'est un couple pour l'enfant, que l'intégration soit consciente ou inconsciente.

Tel que mentionné au début de cette section, nous sommes tous nés dépendants. L'humain est avant tout un être sociable, qui vit en communauté et qui a besoin des autres pour survivre (que ce soit l'épicerie du coin, la compagnie d'électricité ou l'armée qui protège le pays). Il existe de rares ermites vivant strictement par leurs propres moyens, mais je parle ici de la majorité d'entre nous. Tout au long de notre vie, nous évoluons dans un continuum qui va de la dépendance totale à une pleine autonomie. Plus notre base a été érigée solidement, par un attachement parental constructif, plus notre identité est forte et confiante. Cette autonomie favorise une exploration plus vaste de ce qui nous est extérieur, de ce qui nous est inconnu, contrairement à la dépendance où l'on préfère la sécurité de ce qui est familier. La confiance en soi et en ses moyens, typiques de l'autonomie, nous permettra plus tard de créer une relation de couple réussie, car notre ouverture aux différences de l'autre sera plus considérable.

Même la meilleure relation amoureuse est complexe ! On peut facilement succomber aux charmes de son partenaire et vivre l'euphorie de la première phase sans effort mais éventuellement, toute relation amoureuse demande du travail, de la patience et de la persévérance. Malgré nous, notre passé, notre inconscient, nos illusions et nos idées préconçues s'introduisent dans la relation, créant des défis à surmonter, des compromis à trouver.

Chapitre 2
La dépendance affective

Après avoir exploré la relation amoureuse réussie, après l'avoir établie comme point de comparaison, venons-en au vif du sujet : la dépendance affective. Cette section abordera d'abord ce qu'est la dépendance affective, comment on la reconnaît et ensuite quelles en sont les manifestations dans la vie amoureuse, dans les relations avec les proches et dans les autres aspects de la vie.

Définition et composantes de la dépendance affective

Selon les différentes écoles de pensée et les expériences thérapeutiques, les définitions de la dépendance affective diffèrent. Pour Peele (1985)[6] : « C'est d'une expérience que l'on devient dépendant et non d'une substance. » C'est le plaisir ressenti lors de la consommation de la substance qui est recherché. Si on positionne la dépendance dans le contexte de relation amoureuse, ce ne serait pas le partenaire lui-même qui comblerait les besoins de la dépendance mais bien les sentiments et les sensations positives que lui associe la personne dépendante.

---

6. Citation recueillie dans Isabelle VARESCON, dir., *Les addictions comportementales, aspects cliniques et psychopathologiques*, 2009, Éditions Mardaga, 311 pages.

C'est une nuance importante, car les sentiments, les sensations, les émotions, proviennent essentiellement de nos pensées, de nos interprétations. On pourrait donc en conclure que la source des plaisirs ressentis est interchangeable.

Pour Catherine Audibert[7], l'impératif de la satisfaction immédiate aurait pour précurseur l'incapacité d'attendre plutôt que la tyrannie du plaisir, l'attente étant un état de solitude proche de l'état de détresse et génératrice d'angoisse. Ce serait donc l'expérience de l'absence de souffrance ou de douleur qui se trouverait au cœur de la dépendance. Pour certains, les sensations associées au vide ressenti sont celles d'une chute, d'un vertige, d'un précipice surplombant le néant. Des sensations négativement intenses et difficiles à tolérer sur une longue période. Dans les premiers temps de la relation, la présence du partenaire élimine les sentiments négatifs associés au manque et au vide. Le désir de la personne dépendante affective n'est donc pas le déplacement d'un état de confort normal vers l'atteinte du nirvana ou les sensations du plaisir, mais bien d'un état d'inconfort, de souffrance, de mal-être vers un état de confort normal. On veut éviter la souffrance plutôt que rechercher le plaisir. C'est semblable à la migraine ou à des souliers trop petits (que l'on enlève dès que l'on franchit le seuil de la porte!). Je souffre personnellement de fortes migraines qui m'empêchent de fonctionner normalement. La lumière, les sons, projeter l'air pour parler, tout devient excessivement pénible. À la disparition de la migraine, j'éprouve une sensation de bien-être total, juste à ne plus souffrir. Cette sensation devient ma nouvelle définition du bonheur.

Selon Melody Beattie[8], une des premières auteures à avoir traité du sujet de la dépendance affective, cette dernière « est la prise de pouvoir absolue de l'enfant intérieur en manque de

---

7. Catherine AUDIBERT, *L'incapacité d'être seul, essai sur l'amour, la solitude et les addictions*, 2008, Éditions Payot & Rivages, 256 pages.

8. Melody BEATTIE, *The New Codependency: Help and Guidance for Today's Generation*, 2008, Éditions Simon & Schuster, 289 pages.

l'amour d'un parent ». Cette définition est porteuse de bien des notions. La première : les expériences passées jouent un rôle primordial dans le développement de la dépendance affective chez l'individu adulte, surtout les expériences s'étant déroulées dans la petite enfance et qui ont mis en relief les parents et l'environnement affectif. La deuxième : une immaturité émotionnelle (à un degré plus ou moins prononcé) active le comportement, les attitudes et les sentiments de la personne aux prises avec la dépendance affective, puisque c'est un « enfant » qui est aux commandes. La troisième : le phénomène de la dépendance à l'autre suppose un degré d'inconscience. L'adulte est émotionnellement demeuré dans son enfance, il a donc moins conscience des changements qu'entraînent les développements vers un âge mature. De plus, s'il avait conscience qu'il agit en réaction aux demandes d'un enfant insatisfait (et impossible à satisfaire), celui-ci aurait moins d'emprise sur lui. Le jugement entrerait rapidement en jeu afin de modifier la perspective et l'analyse de la situation. Toujours selon M. Beattie, plus l'enfant avide d'amour est au pouvoir, plus le manque et le vide sont intolérables et, par conséquent, plus la dépendance est forte.

Enfin, selon le DSM 5[9] (Robert Bornstein), les critères diagnostiques de la personnalité dépendante sont les suivants : le sujet se perçoit comme étant impuissant et inefficace et croit que les autres sont comparativement puissants et efficaces ; le sujet a du mal à prendre des décisions dans la vie courante sans être conseillé ou rassuré de manière excessive par autrui ; le sujet utilise des stratégies de présentation (se montre prévenant, fait des supplications, fait de l'autopromotion...) pour obtenir et maintenir des relations de soins et de soutien ; le sujet focalise ses efforts pour consolider une relation avec la personne la plus apte à lui apporter aide et soutien au long cours ; le sujet

---

9. *DSM 5, Manuel diagnostique et statistique des troubles mentaux*, 2013, Association américaine de psychiatrie (APA).

cherche à outrance à faire plaisir aux autres au point d'être volontaire pour faire des choses désagréables ; le sujet se sent mal à l'aise ou impuissant quand il est seul, par crainte exagérée d'être incapable de se débrouiller ; le sujet montre des niveaux élevés d'anxiété de performance et de peurs d'évaluation négative, notamment en présence de personnes d'autorité ; le sujet est préoccupé de manière irréaliste par la crainte de devoir se débrouiller seul.

Pour ma part, après avoir beaucoup lu sur le sujet, après avoir fait des observations personnelles et des observations sur mon entourage, j'en conclus que **la dépendance affective est un rapport avec soi-même déguisé en une relation amoureuse.** Je vais bien sûr profiter de cette section pour développer plus avant pourquoi cette définition m'apparaît juste et pertinente. Ce qui me plaît avant tout dans cette définition, c'est qu'elle est constructive. Je suis une personne qui fonctionne aux résultats ; pour moi la démarche évolutive s'inscrit dans une volonté d'amélioration, de poursuite du développement personnel pour un accroissement de bonheur, de bons moments. Je ne crois pas qu'il suffise d'observer, de constater et de continuer à subir les situations négatives auxquelles nous faisons face, l'important pour moi est de trouver des façons de résoudre ce qui ne va pas. Si, à la base de la dépendance affective, on perçoit que « c'est un rapport avec soi-même », on devine qu'il est possible de modifier ce rapport et d'ainsi éliminer les conséquences de la dépendance affective et surtout la souffrance qu'elle occasionne. Donc, alléluia ! On peut se sortir de cette expérience de la vie. Je ne dis pas que c'est facile, je dis seulement que c'est possible.

La seconde portion de la définition renvoie au fait que si la relation de dépendance affective se vit bien sûr avec une autre personne, celle-ci est somme toute accessoire. Elle n'est pas appréciée pour ses qualités intrinsèques, mais bien pour les bienfaits qui lui sont associés. Cette personne est perçue à travers le filtre de la dépendance de son partenaire, ce dernier ne percevant que ce qui entre en action avec ses propres préoccupations, le reste étant éliminé par le filtre, ce qui constitue l'essence de l'autre ne pénètre pas, à des degrés divers, la bulle émotive de besoins de la personne dépendante. Le couple, d'un point de vue extérieur, semble vivre une relation amoureuse, mais de fait, c'est une superposition de deux solitudes. La personne dépendante est immergée dans un rapport avec elle-même et l'autre en subit les contrecoups parce qu'il n'est pas apprécié pour ses qualités intrinsèques. À l'occasion, c'est aussi la rencontre de deux personnes dépendantes qui décident de former un couple ; il s'agit alors d'un double déguisement.

Dans un premier temps, la personne souffrant de la dépendance affective éprouve beaucoup de difficulté avec la solitude. Pour elle, être seule est très angoissant et très souffrant, car en isolement, elle ressent plus intensément son vide intérieur, son manque. Pourquoi y a-t-il cette expérience de manque ? Parce qu'à l'enfance, le bébé n'a essentiellement pas bénéficié d'un entourage qui a répondu à ses besoins d'affection et de réconfort de manière adéquate. Dans la société d'aujourd'hui, la grande majorité d'entre nous grandissent dans de tels milieux. La dépendance affective (à des degrés variables) n'est pas l'exception, mais plutôt la norme. Une autre section traitera en détail de la relation « enfant-parent » en ce qui a trait au manque d'amour et à la situation assez répandue d'être mal aimé (situation n'équivalant pas nécessairement à de la violence ou à une intention consciente de choisir une expression d'amour mal adaptée).

L'expérience de ce manque, de ce vide envahissant renferme son lot de conséquences. Tout d'abord, la souffrance due à la présence même de ce vide modifie les perceptions que la personne a d'elle-même et du monde qui l'entoure. Par exemple, en souffrant d'un manque, on conclut que l'on n'est pas une personne complète, qu'il nous « manque » quelque chose d'extérieur à nous pour que nous puissions être un être entier, qui pourrait alors être heureux. Se sentir incomplet modifie sensiblement son comportement, ses attitudes, ses pensées et surtout les besoins que l'on juge essentiels à notre survie. La solitude devient un état insoutenable, porteur de sensations très négatives. Le besoin d'être avec un autre est presque irrésistible. Comme l'impératif de vie devient de combler un vide, les critères de sélection dans la quête affective seront très souples ; la quantité primera sur la qualité. Les relations seront donc nombreuses et l'espace-temps entre chacune d'elles, le plus court possible. La dépendance affective induit une compulsion difficile à éviter, presque maladive. Comme la toxicomanie, la dépendance affective implique la survivance à l'intérieur d'un cercle vicieux où la personne perd le contrôle. Elle cherche inlassablement à satisfaire son désir (la présence de l'autre) et lorsque celui-ci est satisfait, la culpabilité et la honte entrent en jeu, car son jugement sur ses agissements sera impitoyable.

Dans la relation amoureuse dépendante, il y a des buts spécifiques recherchés : apaiser le malaise causé par le manque, se sentir complet en étant avec un autre, qui comblera nos besoins. L'autre est en quelque sorte manipulé ; il n'est pas nécessairement conscient de la pression qu'il subit en étant désigné comme responsable du bonheur de son partenaire dépendant. Comme nous l'avons vu précédemment pour la relation amoureuse saine, le véritable amour est désintéressé, il n'existe pas pour combler un besoin. Dans le scénario de la dépendance affective, il y a une utilisation de l'autre à des fins bien précises. L'intention est bien claire dès le départ. La relation est évaluée pareillement aux colonnes de comptabilité : on classe dans une colonne ce que l'autre nous apporte et dans l'autre ce qu'il nous coûte. Cette intention modifie de façon significative le rapport entre les deux partenaires ; l'un tentera de contrôler l'autre, afin que la relation se prolonge pour ne pas ressentir de nouveau le poids de la solitude et du manque qui l'accompagne. Si l'on essaie de contrôler, on n'est pas dans un état d'authenticité, à l'opposé, on est en mode calcul, manipulation, stratégie. En fait, le désir de contrôler cache souvent une peur. La peur d'être soi-même et de ne pas être suffisant ;

la peur que l'autre soit lui-même et que l'on ne lui suffise pas; la peur de laisser la vie se dérouler sans notre intervention ou notre influence, en nous laissant l'impression d'être inutiles.

Il existe deux archétypes de dépendance affective qui se différencient par les comportements privilégiés lors de la manipulation ayant pour objectif de faire durer la relation le plus longtemps possible. Dans un cas, l'individu sera dominateur; il tentera de contraindre l'autre à sa volonté; il voudra être le centre d'attention de l'autre, désirant à tout prix être tout pour lui, en ne lui laissant pas d'espace propre en dehors du couple. La logique manipulatrice étant que plus il occupera l'espace personnel de l'autre, plus l'autre aura de la difficulté à le quitter. Il se placera naturellement en position de recevoir de l'autre, que ce soit son temps, son attention, son affection ou des objets matériels. Cet archétype se situe naturellement du côté profiteur de l'équation, car souvent la relation de dépendance amoureuse implique une guerre de pouvoir. En situation de conflit, les partenaires auront besoin d'identifier un gagnant et un perdant, qui a raison et qui a tort. Il n'y aura pas d'espace pour les nuances, pour les zones grises; ce sera blanc ou ce sera noir.

L'autre archétype de la dépendance se situe à l'opposé. L'individu sera naturellement soumis à l'autre; il voudra tout lui donner, répondre à tous ses besoins, même ceux qui ne sont pas exprimés. Il accomplira des tâches qui, au départ, sont sous la responsabilité de l'autre, allant parfois jusqu'à subir lui-même les conséquences du comportement néfaste de son partenaire. La logique manipulatrice étant que l'autre ne pourra plus se passer de vous, que vous lui serez tellement utile qu'il ne voudra pas vivre sans vous. La personne dépendante est tellement accrochée à l'autre qu'elle s'oublie de plus en plus. Elle choisit de répondre aux besoins de l'autre, souvent au détriment de son bien-être. En même temps, c'est un peu le syndrome du martyr, car l'intention non avouée est de tout donner afin d'en recevoir autant; sinon d'avoir le haut du pavé du don de soi. Cette aide constante apportée à l'autre fait aussi partie d'un calcul pour gagner la partie en étant le meilleur partenaire dans le couple.

Si la personne dépendante ne se situe pas au pôle extrême de son archétype, elle ne sera pas nécessairement toujours confinée au même type de comportements, elle oscillera entre adopter une attitude dominatrice et contrôlante ou adopter une attitude soumise et pourvoyeuse. Le choix de l'attitude se fera selon les circonstances, les enjeux perçus et l'état d'esprit du moment. Aux extrémités des pôles, cependant, les comportements seront généralement du même type, ils ne basculeront pas de l'un à l'autre. Les relations romantiques entre deux personnes dépendantes ne sont pas rares et se forment généralement avec des archétypes opposés. Ces relations ont tendance à durer, car les deux modèles se complètent et se nourrissent mutuellement. Les comportements s'ancrent de plus en plus dans les extrêmes, car le temps n'efface pas le manque de confiance en la relation et n'apporte pas une plus grande sérénité. Au contraire, avec le temps, un phénomène d'habituation se manifeste et on ressent l'obligation de poser des gestes de plus en plus considérables pour maintenir l'emprise sur l'autre. La rupture peut survenir si les limites d'un des partenaires sont atteintes et qu'il ne peut plus vivre dans cet environnement néfaste. Mais il repartira immédiatement à la recherche d'un autre partenaire, sans pour autant passer par une étape transitoire de réflexion ou d'autoanalyse, et vogue la galère, le cycle recommencera de nouveau.

Tout va très vite dans une relation amoureuse dépendante, car on veut s'accrocher à l'autre et tenir le plus longtemps possible. L'intimité physique s'établit très tôt dans la relation, souvent une question de jours dans la société d'aujourd'hui. Très rapidement, le ou les partenaires voudront prendre des engagements qui les lieront pour un temps, ce qui apaisera leur peur du retour à l'isolement de la solitude amoureuse. Une façon de retenir l'autre est de lui prêter des ressources, soit financières, soit matérielles. Tant que notre amoureux nous devra de l'argent ou aura en sa possession un de nos biens, il lui sera plus difficile de quitter la relation. Une autre façon est d'assumer une des responsabilités du partenaire afin de le fixer plus fermement à la relation (ex. : l'un fait le ménage et organise l'environnement physique de l'autre ; l'un prend en charge le budget et la comptabilité de l'autre). La logique de la personne dépendante est qu'elle ne peut, à elle seule, retenir l'autre dans la relation, car elle se sent incomplète, donc insuffisante pour son partenaire.

Bien entendu, la logique financière aidant, les partenaires d'une relation de dépendance affective ont très souvent le réflexe de cohabiter presque immédiatement ensemble. Pourquoi doubler les dépenses ? On est amoureux, on devrait commencer à économiser tout de suite en habitant ensemble. Mais puisque la personne dépendante développe souvent plusieurs relations amoureuses dans sa vie, cette logique financière ne tient pas la route, avec tous les changements d'adresse et le coût des déménagements qui en découlent. La pulsion demeure présente malgré tout. À l'émergence de la nouvelle, on croit encore que ce sera finalement la bonne. Et on recommence le cycle à vitesse grand V.

Au cœur de la dépendance affective : le manque

L'existence d'un manque et de son expérience négative est à la source du comportement, des attitudes et de la motivation de la personne dépendante affective. C'est tellement primordial qu'il nous faut en parler davantage. Des experts de la question ont observé qu'une personne vivant une relation de dépendance à son amoureux aura également tendance à adopter d'autres dépendances : au jeu, à l'alcool, au travail, au sport, à n'importe quel objet ou activité où la personne ne peut résister ou exercer de retenue. En effet, on désire constamment s'étourdir ou s'engourdir afin d'éviter d'éprouver les sensations du manque et de refouler les souffrances qui y sont associées. Malheureusement, l'expérience est généralement vouée à l'échec, car le manque engendre toujours le manque. « Rien de se perd, rien ne se crée, tout se transforme. » [10] En partant du manque, on ne peut créer la joie et le bonheur. La vie, pour un dépendant affectif, est une alternance entre le plein et le vide. Ce continuum accapare entièrement sa personne. Il n'éprouve pas de répit, même en présence de l'autre qu'il a toujours peur de perdre.

Le manque joue également un rôle prépondérant dans la sélection de l'élu(e) de son cœur. Les standards et les exigences qui guident normalement le choix du partenaire amoureux sont maintenus au strict minimum dû aux impératifs du manque. L'autre est choisi pour éviter la solitude ; il est là pour combler le besoin d'amour. À l'opposé, les attentes placées en lui sont démesurées. On s'attend à ce qu'il manifeste une compréhension magique, et ce, exactement au moment où on en éprouve le besoin. L'autre représente une solution miracle qui élimine la solitude, qui permet de se fuir soi-même.

Dans les cas extrêmes, le dépendant affectif ne s'accorde pas le droit d'exister par lui-même, point à la ligne. La validation, l'approbation, le droit à la vie ne font pas partie de lui. Il le cherche à l'extérieur. Quel inconfort, quelle source d'anxiété ! La personne confère à l'autre son pouvoir d'accéder au bonheur. C'est seulement l'autre qui peut parvenir à la rendre heureuse. Cela représente pour le partenaire un poids considérable, car même avec la meilleure volonté du monde, c'est une tâche impossible à accomplir.

L'esprit de la dépendance affective : les croyances et les fausses perceptions

La dépendance affective est un rapport avec soi-même déguisé en relation amoureuse. Revenons au rapport avec soi-même, la première partie de cette définition. Examinons ce qui se passe

---

10. Maxime énoncée pour la 1re fois par Antoine Lavoisier au XVIIIe siècle.

dans l'esprit de quelqu'un en proie à un lien relationnel dépendant. Quel est son discours intérieur ? Son mode opératoire ?

Il est tout d'abord très actif, très créateur, très imaginatif, fonctionnant selon sa propre logique. La perspective de la personne dépendante est excessivement subjective, car dans la majorité des cas, ses émotions la dominent. Tout à sa souffrance et à ses besoins, il ne reste plus d'espace permettant le détachement, pour ressentir les événements de sa vie avec un point de vue plus global, plus objectif. L'individu se positionne constamment au centre de son univers ; aussi, généralement il pense que les situations et les événements de la journée le concernent directement. La motivation ou les intentions derrière ce que l'individu a vécu dans sa journée sont rattachées d'une quelconque façon à sa personne. Tout passe par le filtre de son besoin d'affection et de reconnaissance avant de l'atteindre. Il développe ainsi des croyances qui ne correspondent pas nécessairement à la réalité. Par exemple, la personne qu'il a croisée dans le couloir et qui n'a pas répondu à son « bonjour » était peut-être trop préoccupée par le rapport qu'elle est en train d'écrire pour avoir remarqué la salutation. Le dépendant affectif pourra en conclure à tort que cette personne lui a manifesté de l'aversion et agira en conséquence la prochaine fois qu'il la croisera. Il se développe ainsi de fausses croyances envers lesquelles la personne dépendante devient excessivement loyale, des « vérités personnelles » qu'elle ne remet jamais en question. Encore une fois, se questionner sur ses pensées demande une certaine objectivité, un certain recul.

Le degré de difficulté augmente exponentiellement dans une relation amoureuse quand les partenaires tiennent fermement à leur interprétation des événements (qu'ils ne considèrent pas comme une interprétation, mais bien comme la vérité) et qu'ils habitent constamment l'univers des émotions, avec toute l'intensité et les turbulences que celui-ci présuppose. Cette perspective erronée de la réalité a des conséquences assez malheureuses pour le couple. Si, dans le meilleur des cas, l'état d'esprit permet une confrontation des croyances à la réalité, cela crée malgré tout beaucoup de déception, d'insécurité et d'anxiété pour la personne dépendante. Cependant, certains individus sont tellement repliés sur leur vision des choses qu'ils pratiquent l'aveuglement volontaire, et la réalité n'entre pas dans leur schème de pensées. Cela entraîne une dynamique de conflits permanents pour le couple. Au bout d'un moment, le partenaire se sentira renié dans la réalité qu'il vit, il ne se reconnaîtra plus dans la relation et, souvent, décidera que c'est terminé. Dénouement paradoxal, car l'objectif premier de la croyance est de soumettre la réalité à ses désirs, qui sont avant tout de faire durer la relation. Dans les faits, les fausses croyances sont devenues en partie responsables d'une conclusion se situant tout à l'opposé du désir initial.

À la base, la principale fausse croyance est qu'enfin la souffrance disparaîtra avec l'apparition du nouveau partenaire. Cette croyance tellement vitale s'entoure de mystique et de magie. Elle convainc que les besoins d'amour, de sécurité et d'attention seront comblés totalement par l'arrivée de ce nouveau venu dans sa vie. Elle est à la fois très forte et très intense. Elle survit souvent à la rupture de la relation présente pour s'ancrer solidement dans la suivante, et ainsi de suite. Tant que la personne cherchera le bonheur à l'extérieur d'elle-même, qu'elle cherchera à recevoir l'amour inconditionnel du nourrisson, ce cycle douloureux se poursuivra.

Une autre croyance affectant négativement l'adulte dépendant est sa propre conception de ce qu'est un couple normal ou idéal, cette image qu'il a intégrée du couple de ses parents et des expériences de sa petite enfance. Bien souvent, l'architecture de la dépendance se développe dans les milieux familiaux à fortes carences affectives et émotionnelles. Des milieux où l'insécurité, la violence ou l'indifférence prédominent. Cet environnement représentera ce qui est familier à l'enfant devenu adulte. Malheureusement, même si ce type d'environnement est néfaste, c'est ce « confort » du connu qui sera recherché.

L'individu pourrait vivre beaucoup de malaise dans un contexte affectueux et sécurisant si ça ne correspond pas à ce dont il a fait l'expérience dans l'enfance. En conséquence, il serait tenté de transformer son couple de manière à imiter celui de ses parents. Il peut même croire que l'amour est composé de notions négatives. Cette croyance, qu'un milieu néfaste est bon pour lui et que l'amour est vécu dans la souffrance, sera incompréhensible pour un partenaire n'ayant pas le même vécu.

Ces fausses perceptions ou fortes croyances sont engendrées par trois grands mécanismes de survie (Howard M. Halpern). Le premier étant que l'interprétation des gestes d'autrui est faite en vue de combler ses propres besoins et désirs. Disons ici que c'est le mécanisme le plus positif, car on interprète les agissements des autres favorablement à l'égard de nos besoins et désirs. Il produit cependant son lot de conséquences négatives et de conflits lorsque l'interprétation erronée est confrontée à l'intention première de l'autre. Prenons le cas de Gabrielle : elle est en couple avec Antoine depuis deux ans, mais elle ne se sent pas en confiance ; elle ne le sent pas engagé autant qu'elle dans la relation. Antoine, de son côté, est un bon vivant qui ne s'en fait pas avec la vie. Lorsqu'il propose à Gabrielle d'aller au restaurant un soir, elle l'interprète comme une invitation à avoir une discussion approfondie sur leur relation et ce qu'il pourrait faire pour la rendre plus heureuse. En réalité, Antoine avait seulement envie de changer de décor, de passer un bon moment et de parler de tout et de rien avec sa blonde. Le souper devient source de tension et de déception et l'expérience anticipée ne comble aucun des partenaires. L'accumulation de tels incidents ne sera pas propice à engendrer un plus grand engagement de la part d'Antoine, bien au contraire.

Dans le deuxième mécanisme, le présent est confondu avec le passé. Une situation d'aujourd'hui comporte un ou des éléments qui déclenchent des émotions, des sensations négatives du passé. Un transfert d'émotions s'opère. Celles-ci sont vécues avec la même intensité et le même désarroi que jadis, mais appliquées à des circonstances qui ne justifient pas une telle décharge émotive. Sébastien a grandi auprès de sœurs qui captaient toute l'attention familiale. Il en a éprouvé beaucoup de détresse et du rejet, ne se sentant pas écouté, aimé ni important. Ces blessures d'enfance lui sont encore douloureuses. Aujourd'hui, quand il perçoit que son amoureuse ne semble pas l'écouter ou qu'elle l'interrompt pour changer de sujet, toute cette détresse refait surface et provoque en lui de fortes réactions. Il en résulte souvent qu'une dispute éclate et son intensité est démesurée par rapport à l'incident qui l'a provoqué.

Le troisième mécanisme engendrant de fausses perceptions est la projection. L'individu projette sur l'autre des aspects ou des caractéristiques qu'il possède, mais qu'il n'accepte pas ou, à la limite, ne perçoit pas chez lui. Ce mécanisme, comme les deux autres, se déroule de façon tout à fait inconsciente; c'est pourquoi ils demeurent si tenaces. Charles s'est toujours comparé avec les autres, il juge les autres par rapport à ses conditions personnelles. Il a beaucoup de difficultés à avoir des relations d'égal à égal, car soit il place l'autre sur un piédestal, soit il le considère comme inférieur. Son discours, lui, reflète plutôt l'inverse. Il se plaint constamment que son entourage l'évalue, qu'il se sent jugé au travail, dans les soupers entre amis, partout où il va. À l'écoute de ces doléances, les membres de son entourage reconnaissent alors parfaitement ce que Charles provoque comme émotions ou sensations en eux et constatent qu'il n'en est absolument pas conscient.

Une phrase de Melody Beattie m'a beaucoup frappée: ce n'est pas ce que nous ignorons qui est dommageable, ce sont les faussetés que nous prenons pour la vérité qui nous nuisent. Elles sont nocives, car contrairement à ce que nous ignorons et cherchons à connaître, nous ne nous questionnons plus à leur sujet. La rigidité et l'ancrage de croyances erronées et de fausses perceptions constituent des obstacles considérables à une expérience de vie satisfaisante. D'un autre côté, plonger à l'intérieur de soi pour un exercice d'observation et d'autoconfrontation requiert une bonne dose de courage. Nous avons tous, à des degrés divers, acquis un certain nombre de convictions au fil de nos expériences. Je crois que la multiplication des crises de la quarantaine, de la cinquantaine, et parfois même de la trentaine, sont des moments où nous prenons courageusement le taureau par les cornes et examinons nos acquis, nos prémisses de vie et bien sûr nos croyances. Ces crises deviennent des *check-up* ponctuels permettant de nous recentrer dans notre authenticité.

Avec l'existence de telles croyances et la présence d'un certain déni de la réalité, on constate que la dépendance affective se caractérise par une méconnaissance de soi-même d'abord et de son environnement ensuite. On ne vit pas une existence authentique, une vie qui est en accord avec qui nous sommes. Aller au cœur de soi est le voyage le plus périlleux que l'on puisse imaginer. La peur de s'y engager est tellement grande qu'elle paralyse, elle bloque toute démarche en ce sens. Lorsqu'une telle peur m'envahit (à quelques occasions à l'écriture de ce livre), j'ai toujours en tête le pauvre chevreuil qui n'a voulu que traverser la route et s'est retrouvé face aux phares d'un engin de métal roulant à toute vitesse vers lui. Je fais de même, non seulement mon corps se fige, mais mon esprit aussi. J'adopte le regard « pas de son, pas d'image ». Lorsque je réussis à sortir de cette torpeur et que je fais face à ce qui m'effrayait tant, je constate que ma peur était plus ou moins justifiée, en ce sens que rien de ce que j'ai vécu en l'affrontant n'a été aussi pénible que l'expérience de la peur en elle-même. Je me demande alors pourquoi je l'ai subie si longtemps, pourquoi je n'ai pas plongé plus rapidement. Mais rien n'y fait ; la fois suivante, je passe par le même processus et la phase « peur » se prolonge toujours plus que nécessaire. D'un côté, j'espère qu'un jour je serai assez grande pour apprendre cette leçon, mais de l'autre, je devine que vivre sa vie pleinement, c'est pousser ses limites en faisant face à ses peurs, et ce, jusqu'à la fin de son existence.

Mes expériences professionnelles et personnelles m'ont également beaucoup fait réfléchir sur la notion d'authenticité: être fidèle à soi-même. De par ma génétique et mon tempérament, je suis une personne qui a tendance à parler des vraies affaires; je suis peu portée à me mentir à moi-même, du moins intentionnellement. Ma grand-mère paternelle adoptait un discours tellement direct et elle était d'une telle franchise que son prénom, assez peu commun, est devenu un qualificatif dans la famille: tu fais ta Zélia! Cette caractéristique n'est cependant pas toujours un plus pour celui qui l'adopte. J'ai souvent souffert des conséquences de ma franchise. À l'opposé, les circonstances de la vie m'ont fait subir quelques personnages qui se construisaient de toutes pièces des illusions sur eux-mêmes et sur les situations auxquelles nous devions faire face. Ils racontaient des histoires et ils étaient les premiers à y croire. Et ça marchait! Au bout du compte, ces gens étaient récompensés, ils en retiraient des avantages indéniables. Cette dualité m'a fait douter un moment de l'importance de l'authenticité. Pourquoi est-ce que je m'imposerais la réalité si elle n'est pas importante pour tout le monde? J'ai une bonne imagination, je n'ai qu'à l'appliquer à ma vie.

Cette problématique m'a beaucoup remuée. Elle m'a fait réfléchir énormément jusqu'au jour où j'ai réalisé qu'être authentique à soi-même nous libère, cela nous procure une joie et une satisfaction qui ne sont pas aussi intenses et agréables dans le mensonge et l'illusion. Le paraître et l'insincérité ont un poids. Ils alourdissent l'existence, qu'importe le degré auquel on croit ses mirages. Un inconfort s'installe et grandit au fil des dissimulations. Maintenir les illusions face à soi-même et aux autres est hautement énergivore. On reste constamment sur ses gardes de peur qu'une brèche ne s'ouvre et laisse échapper le vrai soi. Maintenant, je vis beaucoup mieux avec le fait qu'il y aura toujours des imposteurs, car j'ai compris qu'ils sont déjà punis, qu'ils en subissent déjà les contrecoups. Pour ma part, je préfère vivre ma vie de la façon la plus vraie possible, même si je dois quelquefois supporter les conséquences d'une trop grande franchise.

La dépendance affective favorise la création d'une réalité imaginaire qui prend sa source dans la peur d'être soi-même, car à la base on se croit insuffisant. On ne veut même pas savoir qui on est tellement c'est anxiogène. Dans les faits, la personne dépendante est constamment tournée vers l'extérieur à observer l'autre et à analyser son comportement, ses attitudes, son degré d'amour. Elle ne veut à aucun prix se tourner vers elle-même, vers son intérieur pour s'observer objectivement. Ceci ne se produit pas sans heurts, comme on vient de le voir. Il y a un prix à payer pour renoncer à son authenticité.

On s'éloigne également de son authenticité par la volonté de maintenir la relation amoureuse en vie le plus longtemps possible. Le choix du comportement se fera en fonction de ce que l'on croit que l'autre désire afin qu'il reste, et non pas en fonction de qui on est. Avec le temps, on se rigidifie parce que notre conviction de savoir ce que l'autre désire de nous devient de plus en plus forte. Notre liberté et notre autonomie en sont ainsi de plus en plus restreintes. On est entraîné dans une spirale concentrique qui ne présage rien de bon.

En résumé, les personnes dépendantes adoptent souvent de fausses croyances sur le monde qui les entoure, sur leurs relations et sur elles-mêmes. Ces fausses croyances sous-tendent souvent un sentiment de peur : la peur d'être soi-même, celle de ne pas suffire à l'autre et la peur d'aller en soi pour mieux se connaître et se comprendre. La perspective hautement subjective privilégiée par la personne dépendante peut aussi provoquer l'émergence de fausses croyances. L'intense loyauté des personnes dépendantes envers leurs croyances font perdurer ces dernières sans jamais être confrontées à la réalité.

L'immaturité émotive

Une autre composante de la dépendance affective est l'immaturité émotionnelle. Comme nous l'avons vu, le processus de dépendance est provoqué par le désir d'éviter la souffrance qui prend naissance tôt dans la vie d'un individu. On évite, donc on engourdit, on refoule les émotions qui essaient de s'emparer de nous. Les émotions sont associées aux pensées et aux interprétations que nous faisons des événements de notre vie. Elles s'installent les unes après les autres et restent là tant qu'elles n'affleurent pas à notre conscience, tant qu'elles n'ont pas été éprouvées en tant que telles. Lorsque l'émotion a été véritablement ressentie, elle disparaît. Plus on vit ses émotions, plus on porte attention aux sensations qui nous envahissent, plus on se développe émotionnellement. Selon Diane Borgia[11], la personne en dépendance affective manque d'équilibre et de stabilité sur le plan émotionnel, ce qui s'accompagne par l'incapacité de ressentir ses émotions, de les reconnaître, d'en parler de manière appropriée et de les gérer sainement. Le manque d'équilibre peut se manifester dans l'excès (explosion des émotions) ou dans l'absence de réaction émotive (apathie émotionnelle).

Idéalement, on préférerait que ses émotions n'existent tout simplement pas. Alors on se crée une prison dans laquelle on évolue. Cette prison d'aveuglement volontaire se compose de refoulements, d'étourdissements, d'engourdissements et, essentiellement, d'une focalisation à l'extérieur de soi. On fait tout ce que l'on peut pour modifier la réalité en la rendant conforme à ses désirs. La difficulté survient lorsqu'il n'y a plus de place pour le refoulement. La capacité maximale de stockage est atteinte et le système vit sous haute tension. On assiste alors à l'apparition d'un genre « d'explosion » émotive qui saute au visage de l'autre. Dans ces moments, les pensées se bousculent, le discours devient incohérent et la communication ressemble plus à une diarrhée de mots qu'à l'expression de son ressenti. Tout cela parce que la pulsion émotive ne résiste plus au contrôle et s'échappe, qu'importent les conséquences. Ces mo-

---

11. Diane BORGIA. *Amour toxique*, 2012, Éditions La Presse, 260 pages.

ments sont très souvent pénibles pour les deux partenaires. Des choses sont dites qui ne reflètent pas nécessairement la pensée, mais une fois qu'elles sont émises, ces paroles ne peuvent plus être effacées. Le blocage de ses émotions devient très dommageable à long terme. Il empêche la personne de s'épanouir et, au bout du compte, il cause plus de torts que si on avait fait l'expérience de l'émotion initiale lors de son apparition.

On a tous vécu des situations de perte de contrôle émotif, et ce n'est pas très beau! À mon premier achat immobilier, j'ai subi ce genre d'impact. J'avais toujours habité dans des endroits très insonorisés, j'imagine que j'avais eu beaucoup de chance dans le choix de mes appartements antérieurs! Là, pour la première fois, j'emménageais vraiment chez moi. Le rapport de l'inspection du condo était parfait, mon excitation, à son comble. Le temps entre la prise de possession et le déménagement étant très court, je devais travailler tard les soirs et le week-end pour le rendre à mon goût. C'est là que le bât a blessé! Comme c'était un travail ennuyeux et considérable, mes amis et ma famille venaient m'aider et on faisait jouer de la musique. La voisine du dessous a supporté cinq soirs de bruits constants avant de venir quasiment défoncer ma porte et m'exprimer sa fureur. Je ne dis pas qu'elle n'avait pas raison d'être en colère; ce devait être fortement désagréable. Ce que je n'ai pas compris, c'est tout ce temps qu'elle a passé à devenir de plus en plus fâchée, jusqu'à ne plus pouvoir se retenir et à finalement m'exploser au visage. Si elle s'était exprimée tout de suite, nous aurions fait ce qui s'imposait. Malheureusement, ça a été le début d'une relation difficile, car nos rapports de voisinage ne s'en sont jamais remis.

Un autre exemple concerne ma vie professionnelle. J'ai longtemps travaillé dans des milieux très créatifs, où les gens sont passionnés et souvent très émotifs. J'étais responsable des mandats d'un gros client. L'incident en question est survenu lorsqu'une personne d'un autre département m'a violemment apostrophée dans mon bureau devant mon adjointe sur une question de processus. Elle est partie sans que j'aie pu émettre le moindre mot. Bien sûr, les émotions qui m'ont envahie alors étaient très intenses et très négatives. Comme cet incident est arrivé après celui de mon déménagement, j'ai décidé d'appliquer la leçon que j'y avais apprise : ne pas communiquer quelque chose d'important lorsqu'on est en proie à de fortes émotions négatives, de celles qui nous contrôlent complètement. Je me suis dit que j'allais pleinement vivre ces émotions et attendre qu'elles me quittent pour avoir une discussion sensée avec la personne en question. Ces quelques jours ont été longs et pénibles à vivre, mais j'étais déterminée à régler cette situation de façon mature ; surtout qu'elle se situait dans un contexte de travail. Après avoir pleinement vécu ma colère, ma frustration et mon aberration, j'ai finalement convoqué la personne pour une rencontre en tête à tête, où je lui ai exprimé calmement que ce type de comportement était tout à fait inacceptable, qu'importent les raisons invoquées. Le message a passé et cette situation ne s'est jamais reproduite. Ce fut une expérience difficile, mais également satisfaisante ; j'étais fière de ne pas avoir succombé à mon désir de vengeance et que la situation se soit résorbée positivement.

Par ces deux exemples, je voulais démontrer que l'immaturité émotionnelle n'affecte pas seulement la relation amoureuse, mais aussi les autres aspects de notre vie. Elle affecte nos rapports aux autres, notre façon de communiquer et les gestes que l'on pose, ce qui la rend très déterminante pour le succès ou l'échec de tout ce que l'on entreprend.

L'autre, cet être à la fois vital à notre bonheur et invisible à nos perceptions

C'est le paradoxe de la dépendance affective. On s'accroche à la présence de l'autre, on ressent une peur intense à l'idée de son absence, alors qu'en réalité on n'est pas vraiment en contact avec son être, seulement avec les sensations qu'il nous procure. Les caractéristiques personnelles du partenaire sont accessoires ; seuls sa présence et ce qu'il nous apporte comptent pour nous. C'est donc plus pour nous-mêmes que nous l'aimons que pour ce qu'il est. On habite notre bulle personnelle, qui se remplit et se vide à mesure qu'agit notre filtre de besoins d'affection et d'attention. Le partenaire n'est pas un sujet d'amour, mais bien l'objet d'attentes, de projections, de transferts de blessures non résolues. C'est essentiellement un sauveur à qui on s'accroche. À travers le filtre de nos besoins, on s'attend à ce qu'il joue un grand rôle pour nous, alors que nous le réduisons à un canevas vierge sur lequel on dessine ce qui correspond à nos envies.

Tout cela devient très complexe pour le partenaire. D'un côté, il se fait dire constamment qu'il est aimé, qu'il représente tout pour l'autre et de l'autre côté, ses émotions et ses perceptions lui indiquent qu'il est renié dans son essence. Lorsqu'il agit de manière à respecter sa véritable nature, il ne reçoit qu'indifférence. La haine n'est pas l'opposé de l'amour, c'est l'indifférence qui est son contraire. Le partenaire reçoit donc simultanément un signal parfaitement contradictoire d'amour et d'indifférence. Le discours aussi peut être composé de messages contradictoires. La personne dépendante répète constamment à son partenaire qu'elle l'aime passionnément tout en lui servant des reproches sur tout ce qu'il fait, tout ce qu'il pense, tout ce qu'il aime.

Bien entendu, les personnes dépendantes sont convaincues qu'elles aiment l'autre. C'est ce qu'elles ressentent intensément. Il s'agit d'une autre fausse perception qui est tellement vraie pour ces gens qu'il ne leur viendrait jamais à l'esprit de la mettre en doute. Dans leur esprit, être en amour, c'est quand l'autre les complète en leur apportant ce dont ils ont besoin et vice versa (dans le meilleur des cas). Deux partenaires souffrant de dépendance affective s'utilisent mutuellement pour combler leur propre vide.

Prenons l'exemple d'Hélène qui a vécu en couple avec Jean pendant dix ans. Ils se sont rencontrés alors qu'ils étaient tous les deux dans la phase finale d'une autre relation amoureuse. Il n'y a donc pas eu de pause entre la relation précédente et la leur. Ils avaient tous les deux des enfants d'une relation encore plus ancienne. Au début de leur histoire d'amour, Hélène rapportait à son entourage combien elle était heureuse et combien ce qui survenait dans sa vie était fantastique. Cependant, le discours a vite évolué pour devenir de plus en plus négatif. Elle a fini par se plaindre constamment de Jean. Rien de ce qu'il faisait et de ce qu'il pensait n'était jugé acceptable pour elle. Les conflits et les reproches se déroulaient devant témoins. Jean déployait de gros efforts pour plaire à Hélène, mais il n'y arrivait jamais. Elle ne percevait pas tout ce qu'il faisait pour la satisfaire ; elle remarquait seulement ce qui manquait à Jean pour qu'il comble ses besoins. En fin de compte, celui-ci l'a quittée. Depuis ce jour, Hélène est inconsolable. Elle dit avoir perdu l'amour de sa vie et ne comprend absolument pas pourquoi il a pris la décision de rompre. Elle est mue par sa croyance que, dans le fond, Jean n'avait qu'à être ceci ou cela pour que la relation se poursuive. Pourquoi n'était-il pas prêt à être (ou à faire) ceci ou cela pour elle ? Ça aurait été si simple !

Bien que la souffrance d'Hélène soit authentique, sa peine d'amour est attribuable aux conséquences de la dépendance affective. Si l'autre n'existe pas en tant qu'entité propre, comportant ses caractéristiques uniques, il ne se sentira pas aimé, mais renié. Comme on l'a vu, il doit y avoir deux personnes engagées l'une envers l'autre pour que l'amour gratifiant existe. Dans le cas d'Hélène, Jean a vite été remplacé par une illusion constamment comparée avec son idéal. Un idéal qui ne peut exister dans la réalité, car Jean devait en somme combler tous les besoins présents et passés d'Hélène ; réparer en quelque sorte ses expériences de la petite enfance, ce qui est évidemment une mission impossible.

Lors de mes nombreuses lectures sur le sujet, j'ai été frappée par la ressemblance entre les caractéristiques de la dépendance affective et celles de la phase passion d'une relation amoureuse épanouie. Toutes deux contiennent une part d'illusion, toutes deux sont très intenses, très passionnées. On ne perçoit pas l'autre dans sa globalité, mais seulement dans sa relation avec nous. On projette sur lui notre idéal de couple. À première vue, on dirait que la dépendance affective est une relation amoureuse n'ayant pas dépassé le stade de la phase passion. Cependant, selon Howard M. Halpern[12], la différence entre l'amour-passion et la dépendance affective est que le premier nous rend plus vastes, tandis que l'autre nous diminue inévitablement ; c'est la soif d'attachement qui modifie la relation passionnelle en relation de dépendance. Je trouve cette nuance très juste. En effet, comme on vient de le voir, dans la relation de dépendance, l'autre n'existe pas : on est dans un rapport de un à soi-même, ce qui ne peut pas rendre plus vaste. On désire vivre la fusion éternelle, réduire deux personnes à une seule. Avec le temps, la dynamique entre les partenaires se rigidifie pour se concentrer de plus en plus fortement sur certains aspects de la relation, ce qui en réduit encore l'expérience. Au contraire, dans l'amour passionnel, il n'y a pas de but recherché ; c'est un amour désintéressé. Éventuellement, on va à la rencontre de l'autre et de ses différences. Cela devient comme une aventure qui nous enrichit. On pousse ses limites pour accueillir l'autre. Essentiellement, la phase passion ouvre la voie à l'apparition d'une troisième entité : le couple. La relation amoureuse comporte alors trois éléments : nous, notre partenaire et le couple que nous formons.

---

12. Howard M. HALPERN. *Choisir qui on aime, de la dépendance à l'autonomie*, 2013, Les Éditions de l'Homme.

Un rapport aux autres faussé

Nous sommes des animaux vivant en groupes familiaux et en communauté. Le rapport à l'autre peut être source de joie et de satisfaction ou, au contraire, de tension et de conflit. Notre quotidien oscille entre ces deux pôles. Pour la personne dépendante affectivement, les relations sociales sont vécues avec un degré supplémentaire de difficulté, car elles sont sources de comparaison. Le mode opératoire engendré par la souffrance et les besoins ressentis place constamment la personne dépendante au centre de son univers, les autres étant perçus en fonction de ce centre. La tendance est d'évaluer les gens, les situations, les problématiques en fonction de soi et non selon leurs propres mérites. On a beaucoup de mal à distinguer les éléments extérieurs sans se positionner dans l'équation. Comme on l'a déjà mentionné, les émotions et les besoins submergent les perceptions et les rendent très subjectives.

Lorsqu'on fonctionne en mode comparatif, on se situe rarement dans un rapport d'égal à égal. On désire évaluer qui est au-dessus et qui est en dessous. Dans le cas qui nous occupe, l'évaluation des gens importants de l'entourage se conclura souvent par des extrêmes. L'autre sera soit élevé sur un piédestal, et on vénérera sa personne et son discours, soit jugé inférieur et traité de façon condescendante et méprisante. Il deviendra alors ardu d'établir une vraie connexion avec un de ces deux extrêmes.

Dans le cas où l'autre est mis sur un piédestal, la personne dépendante aura tendance à présumer du jugement négatif de ce dernier lorsqu'elle adopte un comportement néfaste auquel elle ne peut résister. Forcément, l'autre ne sera pas fier d'elle et lui fera ressentir de la honte et de la culpabilité ; il vaudra mieux l'éviter pour le moment. Bien sûr, toutes ces présomptions existent exclusivement dans l'esprit de la personne dépendante ; l'autre, l'objet de toute cette réflexion, n'a aucune idée de l'existence des conclusions et des jugements qu'on lui attribue. De plus, dans ce contexte précis, être placé sur un piédestal n'est pas aussi flatteur qu'on pourrait le croire. L'évaluation extrêmement positive accordée par la personne dépendante teinte ses perceptions et ses interprétations des événements et des situations survenant dans la vie de l'autre. Lorsque ce dernier vit des moments difficiles, ceux-ci sont minimisés par le sujet dépendant : qu'est-ce que ce petit inconvénient comparé à tout le reste de ta vie magnifique ? Moi, c'est bien pire, je vis telle ou telle chose. La personne mise sur un piédestal ne reçoit alors aucun soutien ou empathie de la part de l'autre. Lorsqu'un événement positif survient, le discours devient envieux : des choses comme ça ne m'arrivent jamais à moi ! Après une telle réaction, il devient difficile de savourer ce qui nous arrive de bien. D'une façon ou d'une autre, le piédestal attribué par la personne dépendante suppose une bonne dose d'indifférence de sa part.

À l'opposé, lorsque l'autre est jugé inférieurement dans l'évaluation subjective de la personne dépendante, il obtiendra rarement un droit de parole ou d'écoute de sa part. Son jugement envers elle-même est déjà très sévère, elle ne s'accorde pas beaucoup de valeur, donc ceux qui sont jugés inférieurs en reçoivent encore moins.

Dans le cas classique (malheureusement trop répandu) de la femme ancrée dans une relation de violence physique ou psychologique avec son conjoint, il lui sera très difficile d'aller chercher de l'aide extérieure même si elle se sent prisonnière de la relation. Une multitude de facteurs entrent en jeu dans une situation aussi intensément négative que la violence conjugale, dont les rapports comparatifs à autrui. Juger les gens inférieurs ou supérieurs à soi crée une difficulté supplémentaire lorsqu'on a besoin de recevoir de l'aide. Les gens de son entourage que l'on juge inférieurement ne seront pas considérés. Ceux que l'on estime dignes de confiance seront positionnés sur un piédestal et on leur projettera notre discours intérieur. La femme aura ainsi beaucoup de difficulté à passer outre sa peur du jugement de l'autre pour obtenir l'aide et les conseils dont elle a grand besoin. Il lui faudra hélas toucher le fond et atteindre sa limite pour enfin lâcher prise et demander de l'aide. La problématique de la violence conjugale est bien sûr beaucoup plus complexe que cela.

Ce besoin de se comparer vient également du fait que la personne dépendante ne se valorise pas de l'intérieur. Les balises qui déterminent sa valeur sont encore une fois à l'extérieur d'elle. Dans cette perspective, l'argent, les possessions, les succès, les accomplissements sont autant de facteurs qui confèrent de la valeur aux gens et aux expériences de vie. L'estimation de sa propre valeur dans sa relation à l'autre se fait également de façon semblable à un exercice mathématique. Tout ce que l'on donne, apporte, fait pour l'autre est calculé. La façon de calculer pourrait différer selon les types de dépendants. L'archétype de soumission aura tendance à omettre certains éléments dans ses calculs, car il en fait beaucoup. Celui de l'archétype de domination aura tendance à maximiser ce qu'il apporte à l'autre.

En conclusion, les rapports faussés aux autres engendrent des difficultés supplémentaires dans les relations avec autrui. Les besoins non assouvis et la souffrance de se sentir incomplet sont tellement accaparants qu'ils positionnent la personne dépendante au centre de son univers. Elle établit ainsi des rapports comparatifs avec autrui. L'autre n'est pas estimé pour ce qu'il est ; il est jugé en fonction de comment la personne dépendante se perçoit elle-même. La résultante étant que l'autre est soit inférieur, soit supérieur, rarement égal. De plus, la valorisation personnelle prend racine à l'extérieur de sa personne, ce qui favorise encore plus son besoin de se comparer. Ce type de rapport à l'autre n'encourage pas le développement et le maintien de relations affectives intimes, conditions pourtant essentielles à la relation d'amour gratifiant.

La communication, cet art difficile à maîtriser

Un autre aspect du rapport avec l'autre est la qualité de la communication entre les participants, la manière dont une information ou un message est transmis, comment, dans quelles circonstances, etc. La communication est, après l'amour, un des sujets les plus vastes qui existe. On ne fera certainement pas le tour de la question ici, mais je crois qu'il est important de s'y arrêter un peu. Je répète souvent que tout se dit, qu'importe son contenu, à condition de choisir les bons mots, le bon ton, la bonne attitude, le bon moment et j'ajouterais, de partir d'une bonne motivation (condition essentielle, à mon avis, à une bonne communication). La communication réussie est une épreuve en soi. Pour ma part, c'est une de mes fascinations, car les joies les plus intenses de ma vie sont survenues lorsque j'ai pleinement ressenti que l'échange avec l'autre avait permis une compréhension mutuelle, que pour un moment nous étions connectés l'un à l'autre et qu'en un sens, nos essences se parlaient. Ça peut sembler fort comme formule, mais pour moi, c'est un peu notre raison d'être, affecter l'autre et être affecté par lui.

En communiquant, on exprime qui on est, ce qui nous caractérise, et on reçoit de l'autre ce qu'il est et ce qui le rend unique. Il y a donc trois éléments essentiels à toute communication : l'émetteur, le message et le récepteur. Une personne qui se connaît bien et qui s'apprécie retirera beaucoup de plaisir à échanger avec l'autre. Ce sera pour elle un moment de partage, d'ouverture et d'accueil mutuels.

La communication dans une relation de dépendance affective sera, on le devine, moins satisfaisante. Plusieurs éléments font obstacle à une communication amoureuse idéale. En premier lieu, comme la dépendance affective place l'individu au centre de son univers, il opte généralement pour le mode émetteur. Il désire communiquer ses besoins pour que ceux-ci soient comblés et il se concentre sur la transmission du message à l'autre. Si les deux partenaires sont dépendants affectifs, la conversation n'en est pas une ; elle devient une superposition de deux monologues où l'écoute est minimale et l'efficacité fortement diminuée.

Le deuxième élément qui fait obstacle est la forte résistance à se connaître soi-même, à aller à sa rencontre. On se replie alors sur des croyances non validées et sur de fausses perceptions qui enveniment le processus communicationnel. Les échanges se polluent de faux débats et sont bloqués par la rigidité d'interprétation des croyances. Les conversations peuvent être longues et intenses sans faire avancer quoi que ce soit.

L'emprise des émotions est un troisième élément nuisible. La dépendance se situant presque exclusivement dans l'univers des émotions, et qui plus est des émotions ressenties intensément, beaucoup d'échanges se dérouleront sous l'effet d'une pulsion incontrôlable. Ce qui aura pour résultat une communication moins réfléchie, qui comportera son lot d'incohérences (les émotions suivant leur logique propre) et qui véhiculera beaucoup de négativité.

Un dernier élément ne favorisant pas la communication amoureuse est l'aspect manipulateur de la dépendance affective. Nous nous attarderons plus longuement sur cet élément particulièrement affligeant. Comme il y a un but recherché dans la relation à deux, le discours se fera en fonction d'atteindre ce but et non simplement pour comprendre l'autre et être compris de lui. On pratiquera une écoute sélective qui ne laissera pénétrer que les informations utiles à l'atteinte du résultat escompté. Avoir un but dans une relation amoureuse implique nécessairement un certain degré de manipulation. Celle-ci peut être plus ou moins grande ou néfaste en fonction de ce qui la motive. Si une personne désire strictement profiter d'une autre dans le cadre d'une relation amoureuse, les conséquences seront très négatives pour le partenaire. Ce type de manipulateur fera croire à l'autre qu'il lui donnera ce qu'il veut, sans jamais avoir l'intention de passer à l'acte, jusqu'à ce que le partenaire cesse de croire le discours, faute d'avoir pu observer les gestes attendus dans la réalité. Le manipulateur restera présent dans la relation tant qu'on le croira. C'est pourquoi il est important de se fier à ce que l'on peut observer concrètement, de ne pas placer immédiatement sa confiance totale en l'autre, de procéder à la vérification de certaines promesses. Il faudra alors se méfier des excuses fournies pour expliquer le décalage entre l'engagement promis par le discours et l'absence de son accomplissement dans la vie. Un manipulateur mal intentionné a toujours à l'esprit une série d'excuses toutes prêtes qui lui permettent de se blanchir de toute situation problématique. La plupart de ses justifications lui confèrent le rôle de victime (ce n'est évidemment pas sa faute s'il n'a pas fait ce qu'il avait promis). La vie n'est jamais aussi complexe qu'en compagnie d'un manipulateur ; on dirait que les hasards les plus saugrenus lui tiennent constamment compagnie. Si la vie de votre partenaire ressemble à un mauvais film d'action, augmentez votre vigilance à son égard.

Bien sûr, l'intensité de la manipulation n'est pas toujours aussi élevée ou constante et sa motivation, pas toujours aussi négative. Si le but de la communication est de changer l'autre pour ce qu'on estime être son propre bien, la manipulation ne sera pas nécessairement négative. (Elle pourrait l'être si l'estimation du bien de l'autre est erronée. Par exemple, si l'on croit que l'autre devrait nous être totalement soumis car nous sommes plus aptes à prendre les bonnes décisions qui le concernent.) Même si le changement proposé est effectivement bon pour l'autre, cela demeure cependant une forme de manipulation, car le changement ne peut être entrepris que par soi-même.

La personnalité dépendante

Il n'y a pas seulement un type de personne qui peut devenir dépendant à l'amour, à l'autre, ou à une substance à laquelle elle ne peut résister. La source de la dépendance se trouvant dans le vécu de la petite enfance, à peu près tous les types de personnalités sont concernés. L'aspect dépendant de la personnalité est donc en rapport avec le magnétisme subi de l'extérieur. On subit une pulsion vers quelque chose, un mouvement qui pousse à la satisfaction de cette pulsion, ce qui appelle une réaction en bloc de notre part. La pulsion habite l'ensemble de l'individu. Par conséquent, les opinions, les croyances, les interprétations sont très tranchées; il n'y a pas de place pour la demi-mesure, pour les nuances de gris. C'est ce qui explique aussi la force et la persistance des croyances. Lorsqu'on est plus souple dans notre rapport au monde, il y a place pour l'évolution, les changements, les influences.

La force de la pulsion, du magnétisme à accomplir certains gestes, à faire le nécessaire pour que le vide ressenti disparaisse, conduit aussi à l'excès. Les comportements, les interprétations, les émotions ne sont pas modérés, mais plutôt intenses, entiers et globaux. On réagit de plus en plus fréquemment de manière excessive dans le quotidien, et ce, dans toutes les sphères de la vie.

Cependant, le raisonnement de la personne dépendante peut être victime d'incongruités considérables. Un jour, une situation sera interprétée très positivement et la semaine suivante, les mêmes circonstances seront évaluées tout aussi négativement, ce qui peut fortement déséquilibrer l'entourage qui vit ces brusques changements et ne sait plus à quoi s'attendre. Ces incongruités s'expliquent par le fait que la personne dépendante est en réaction à son environnement, qu'elle se fie souvent entièrement à ses émotions pour interpréter ce qu'elle vit. L'absence d'analyse critique de soi entraîne des discontinuités dans la perception que l'on a d'une situation, suscitant des réactions inconstantes, difficiles à prévoir. Il n'y a pas de fil conducteur qui relie le tout. La personne dépendante étant généralement rebutée par l'analyse de soi, elle ne se connaît pas vraiment, donc elle réagit selon les émotions du moment et selon la perception qu'elle a des circonstances qui l'entourent.

Le fonctionnement de la personnalité dépendante se traduit par des *addictions* comportementales. Selon Reynaud (2006)[13], les addictions comportementales sont la focalisation sur un objet d'intérêt unique (ou très prévalent) devenu un véritable besoin plus qu'un désir, et la poursuite de ce comportement malgré les conséquences néfastes sur la vie sociale ou affective ou sur la santé. Le comportement devient pathologique lorsque les conséquences négatives l'emportent sur le plaisir obtenu et que, malgré cela, le sujet persiste.

C'est ce qui explique en partie pourquoi tant de femmes maltraitées restent avec leur conjoint malgré les mauvais traitements. De l'extérieur, c'est incompréhensible, mais de l'intérieur on essaie de se soustraire à notre souffrance primaire en ayant quelqu'un à ses côtés, en n'étant pas seul. Les systèmes de dépendance affective ne s'épuisent jamais ; les besoins sont boulimiques et reviennent constamment. Sans une prise de conscience, la personne dépendante fuit systématiquement son vide intérieur, et ce, qu'importent les conséquences néfastes de son quotidien auprès de ce conjoint-là.

La personne dépendante affectivement est souvent dépendante à plus d'un objet ou activité (le jeu, l'alcool, la drogue, le sport). La source de ces comportements néfastes étant la même : s'évader de soi-même, ne plus ressentir. Comme elle croit que le bonheur et le plaisir ne sont pas en elle-même mais ailleurs, c'est là qu'elle les cherchera. Malheureusement, les dépendances additionnelles au jeu, à l'alcool et à la drogue compliquent exponentiellement la relation amoureuse dépendante. Ces addictions éloignent encore plus le sujet de qui il est. Elles occasionnent des surplus de manipulations et de mensonges, en plus de contribuer à détériorer la santé physique et mentale du sujet. Les addictions jugées plus positivement ou celles qui sont plus acceptées, comme la pratique démesurée

---

13. Michel REYNAUD, dir. *Traité d'addictologie*, 2006, Médecine Sciences Flammarion.

du sport ou le fait d'être un bourreau de travail, bien qu'elles puissent comporter certains avantages, notamment sur le plan de la santé et des finances, ont également des conséquences néfastes. L'activité devient tellement omniprésente qu'il n'y a plus de place pour autre chose. La personne disparaît dans celle-ci et n'existe que par cette activité. La pratique excessive du sport peut mener à des blessures ou à l'utilisation de produits dopants pour améliorer ses performances. Le fait de trop travailler peut affecter négativement la qualité du travail, puisque l'excès peut engendrer de la fatigue et un manque d'objectivité en raison d'un manque de distance par rapport au travail lui-même.

La dépendance amoureuse prend bien des formes. Elle peut être une dépendance à la présence d'un autre dans son quotidien (peu importe qui il est), elle peut être une dépendance à un certain type de relation amoureuse (à caractère plus ou moins néfaste); elle peut être une obsession par rapport à une seule personne (sans cette personne, le bonheur n'est pas possible); elle peut aussi être strictement sexuelle (le plaisir ressenti lors de l'orgasme est en soi ce qui est recherché, peu importe le ou les partenaires dont on se sert pour l'obtenir).

Dans le cas de la dépendance sexuelle, la motivation première de l'acte sexuel est détournée. Bien souvent, le sexe n'est pas satisfaisant pour les gens qui en sont dépendants. La personne dépendante est constamment en quête d'un soulagement qui ne l'assouvit pas. Le plaisir est de plus en plus éphémère et la quête de plus en plus obsédante. On est complètement obsédé par le sexe, c'est la pensée qui nous occupe entièrement. La mécanique du sexe nous procure un plaisir de très courte durée, mais ne réussit pas à nous satisfaire à plus long terme. Dans ce contexte, il devient laborieux de développer une relation sexuellement saine avec une autre personne. La dépendance sexuelle se vit donc très difficilement et elle peut affecter toutes les sphères de notre existence.

La dépendance affective peut aller jusqu'à prendre la forme d'une relation de haine envers le partenaire, celui-ci ayant été expressément choisi parce qu'il avait les bons éléments pour provoquer la haine en soi. Les sentiments de haine peuvent être aussi intenses et irrésistibles que ceux de l'amour. La personne dépendante a peut-être grandi dans un milieu où la haine était le sentiment prédominant, le seul émanant de son parent principal. L'enfant d'alors n'a peut-être pas pu s'exprimer, de peur d'être abandonné ou de susciter de l'indifférence (interprétée comme s'il ne méritait pas d'exister). Devenu adulte, il utilise son partenaire comme symbole/cible pour faire rejaillir la haine qu'il éprouve envers ce parent principal. Ce transfert de haine est envahissant, au point de presque devenir sa raison d'être. Il vivra bien longtemps dans ce climat avant de ressentir un quelconque désir d'y mettre fin. Il s'accrochera autant à la relation que celui qui est à la recherche d'amour et de soutien auprès de son partenaire. C'est assez paradoxal, car la motivation première demeure de fuir la souffrance originelle pour la remplacer par une souffrance autre. En ce sens, la personne dépendante est prête à subir un environnement malsain et à vivre des émotions négatives pour éviter la douleur du rien et la perception de ne pas exister.

Enfin, comme pour les autres dépendances, la dépendance affective engendre un mouvement de spirale descendante. Avec le temps, le cerveau s'habitue à l'accroissement de plaisir que la relation produit. En réaction, les stimulations doivent s'accroître et se produire de plus en plus fréquemment pour que le même degré de plaisir puisse être atteint. L'évolution de la dépendance ne suit pas le même cheminement que le développement d'une relation amoureuse gratifiante, qui, elle, ne provoque pas d'effet d'habituation.

Le portrait de la dépendance affective peut sembler très négatif de prime abord. On vient de passer à travers beaucoup de caractéristiques et de conséquences de la dépendance affective qui en dressent un portrait assez décourageant. L'étape descriptive est nécessaire. Elle permet de faire des prises de conscience, de se reconnaître ou pas dans certains comportements ou manières d'être, affligeants. C'est toujours pire, avant d'aller mieux! Je crois que si vous êtes en train de lire ce livre et que vous vous reconnaissez dans certains aspects, le premier pas vers un avenir meilleur est déjà franchi. Malgré les embûches et les difficultés à venir, ce début de cheminement est très important et très positif.

Chapitre 3
Les sources
de la dépendance affective

On a effleuré le sujet de la source de la dépendance affective en passant à travers sa description et ses caractéristiques. Cette section se concentrera sur les années de la petite enfance où les conditions idéales n'ont pas été réunies, ce qui a favorisé l'apparition de la dépendance affective à l'âge adulte. Voyons d'abord, une première statistique pour se mettre en contexte et comprendre l'étendue du problème. Selon Whitfield[14], seulement 5 % des familles sont équilibrées! C'est dire que la majorité d'entre nous a grandi dans des milieux plus ou moins dysfonctionnels. La norme n'est donc pas la famille idéalisée, véhiculée par les médias, les livres et les films, mais bien la famille dysfonctionnelle sur un ou plusieurs plans. Dans le fond, la prémisse de base devrait être que toute famille éprouve des difficultés de fonctionnement à des degrés divers et que celle qui gère le quotidien et le long terme de façon tout à fait saine et équilibrée est l'exception. Tout comme un idéal à atteindre, un modèle à imiter, il ne peut y en avoir des tonnes. La rareté du phénomène est aussi due au fait qu'en général on

---

14. Charles L. WHITFIELD. *Healing the Child Within: Discovery and Recovery for Adult Children of Dysfunctional Families*, 1987, Health Communications Inc.

imite ce qu'on a vu, on transmet ce qu'on a appris. Historiquement, les couples ont eu en moyenne plus de deux enfants (beaucoup plus dans la génération de mes grands-parents, treize enfants du côté paternel et douze du côté maternel!), donc ce qui est transmis se multiplie exponentiellement. Cette tendance n'est bien sûr plus d'actualité avec le taux de natalité par ménage qui se situe maintenant à moins de deux enfants par ménage. Le futur nous démontrera ce que cette nouvelle réalité aura comme conséquence.

Le bébé naissant dans la famille dysfonctionnelle éprouve de la difficulté à construire son identité propre sur des bases solides et sécurisantes. Au départ, le nourrisson ne possède aucune connaissance. Il a l'instinct de succion pour se nourrir et celui de pleurer pour communiquer qu'un ou plusieurs de ses besoins ne sont pas comblés. Il ne sait même pas qu'il existe par lui-même. De sa perspective, tout ce qu'il perçoit fait partie de lui. Le fait d'avoir une identité propre est un apprentissage en soi, qui apparaît dans la première année de la vie. La petite enfance est vécue sous le principe de l'éponge. Le bébé est constamment en processus d'intégration d'informations et d'apprentissages. C'est ce qui lui permet de maîtriser à une vitesse vertigineuse le langage, la coordination (et de plus en plus la technologie) et tous les éléments qui lui permettront de s'adapter à la société.

Les parents sont pour le bébé des modèles constants. Il intègre leurs enseignements, transmis intentionnellement ou non. L'univers du nourrisson est assez restreint; il a tout le loisir et toutes les opportunités d'observer les adultes de son entourage. Les informations transmises inconsciemment sont souvent celles qui s'assimilent le plus aisément; elles font tellement partie de l'adulte que cela va de soi pour l'enfant. Fonder une famille et faire en sorte que nos enfants soient en santé, autonomes et heureux est une des missions les plus difficiles à réaliser. Elle demande une attention de tous les instants, beaucoup de travail, d'humilité, de persévérance et de constance. Et même en regroupant tout cela, les éléments incontrôlables de la vie s'en mêlent et influencent à leur tour le cours des choses. L'important demeure de fournir le meilleur effort possible et d'avoir foi en la vie pour le reste. C'est ce que nos parents et leurs parents avant eux ont tenté de faire.

En raison de la grande majorité des familles dysfonctionnelles et parce que l'apprentissage se fait beaucoup auprès de ses parents, la dépendance affective est un phénomène psychosocial qui se transmet de génération en génération. C'est un phénomène appris à la petite enfance qui influence l'aspect relationnel de la vie adulte. La prise de conscience et un travail sur soi peuvent éliminer en grande partie ses effets et possiblement en empêcher le transfert à la génération suivante. Nous verrons cela dans la deuxième partie de ce livre. Contribuez à briser votre cycle familial!

Différents types d'environnements ne favorisant pas l'épanouissement de l'autonomie

Malheureusement, plusieurs types d'environnements familiaux favorisent l'éclosion de la dépendance affective à l'âge adulte. La relation parent-enfant privée d'amour (allant jusqu'à l'abandon) et celle empreinte de violence sont les deux types de relations qui y sont associés naturellement. Il y a aussi des relations parent-enfant où le problème n'est pas l'absence d'amour, mais bien la nature même de l'amour éprouvé et la façon dont il est transmis à l'enfant. Si le parent a des problèmes existentiels affligeants non résolus, la difficulté de bien prendre soin des besoins affectifs et cérébraux de son enfant sera considérable.

L'absence

L'absence peut être physique. L'enfant est laissé à lui-même très tôt dans son développement, beaucoup trop tôt pour ses capacités. Il existe malheureusement tout un continuum d'abandons qui va de laisser le bébé dans la voiture pendant que l'on fait ses courses à celui très définitif de se débarrasser de cette présence encombrante en l'abandonnant tout simplement aux institutions gouvernementales. Mais l'absence peut aussi être psychologique. Le parent exécute strictement les tâches qu'il estime nécessaires à la survie de son enfant. Cette absence est peut-être le résultat d'un manque d'amour. Le bébé, pour une raison ou une autre, n'était pas désiré et son arrivée n'a pas changé la donne. Le parent n'éprouve qu'indifférence à son égard. L'absence psychologique peut également être due à un problème mental qui provoque chez l'adulte une incapacité temporaire ou permanente à être en relation avec autrui. Dans les deux cas, le parent n'est pas véritablement présent pour l'enfant. Il est un exécutant dont le cerveau est entièrement occupé par autre chose que sa relation avec son enfant. C'est une absence beaucoup plus insidieuse que l'absence physique. La personne est là, elle accomplit les tâches qui doivent être faites, mais son essence n'y participe pas. Le message est contradictoire ; la présence physique donne le signal que ça devrait bien aller, mais le ressenti est négatif, car la connexion ne se fait pas.

C'est le même écart perçu entre une personne qui aime faire son travail et l'autre qui le fait strictement par obligation. Je trouve fabuleux que l'on puisse ressentir autant l'essence ou la passion d'une personne à travers son travail. Mon esthéticienne est passionnée par la peau et les poils (en fait, par leur élimination), par conséquent ses traitements obtiennent des résultats inespérés. Elle prend le temps d'analyser chaque cas qui se présente à elle, tout en se renseignant constamment sur les derniers développements en matière de traitements de la peau. Le réceptionniste d'un certain réseau de télévision est tellement enthousiaste et plein de vie en faisant son travail que malgré la brièveté du contact, il affecte positivement la journée de bien des gens qui passent la porte de l'établissement. Ces exemples agissent sur une toute petite portion de l'être humain que nous sommes, imaginez l'effet que la passion pour son enfant peut engendrer à long terme.

Prendre soin d'un bébé ne représente pas en soi un degré de difficulté très élevé, mais la manière d'accomplir ces gestes a de nombreuses conséquences. Un bébé aura de la difficulté à survivre à un manque total d'amour, même si ses besoins de base sont comblés. L'amour est intangible, il ne se mesure pas. Ses effets, par contre, sont sans conteste.

Prenons l'exemple de Julie, qui souffre de forts sentiments dépressifs, d'anxiété et d'incapacité. Elle ne travaille pas depuis des années pour être à la maison et prendre soin de son fils Maxime âgé aujourd'hui de quatre ans. Elle a de la difficulté à sortir de chez elle; ce qui se passe dans le monde lui semble très glauque et décourageant. Son intérêt à pratiquer des activités de loisir ou de sport est pratiquement inexistant. Elle est constamment à l'intérieur de sa tête à ressasser les mêmes pensées négatives les unes après les autres et à se bâtir des scénarios très pessimistes. Pendant ce temps, son fils essaie de capter son attention par tous les moyens. Il lui parle sans même qu'elle lui réponde. Il essaie de l'initier à son activité du moment, mais n'y parvient pas. Il lui fait des crises, sans résultat. Elle ne porte pas attention à son fils tout en lui prodiguant les soins nécessaires. Elle ne tient pas compte des préférences alimentaires que l'enfant pourrait manifester ni des vêtements qu'il voudrait porter. Ses choix se portent sur ce qui est plus pratique et rapide à accomplir. L'horaire de la journée est invariable, peu importe comment se sent l'enfant. Maxime finit par se retirer de plus en plus en lui-même en étant convaincu qu'il n'est pas assez important, assez intéressant ou assez spécial pour obtenir une véritable attention de la part de sa mère.

En réalité, l'absence, qu'elle soit physique, psychologique ou caractérisée par une absence d'amour, provoque l'apparition d'un manque chez la personne. L'absence est constituée de vide, elle ne peut donc pas transmettre autre chose que le vide. Comme ce manque apparaît trop tôt dans le développement de l'enfant, celui-ci n'aura pas les ressources nécessaires pour pallier les effets de ce manque. Si le parent était présent à l'enfant, il pourrait le reconnaître à part entière, le reconnaître comme individu distinct et lui transmettre cette reconnaissance, mais comme il est absent, ce transfert ne peut se produire. Le message qui est intégré par l'enfant est qu'il ne peut pas exister tout seul, qu'il lui faut quelque chose pour combler ce manque. Cette absence de reconnaissance extérieure empêche également l'enfant de s'attribuer des qualités propres. Il éprouve de la difficulté à se découvrir une personnalité distincte et ses relations s'en trouveront grandement affectées quand il deviendra adulte. Si l'individu ne se perçoit pas comme une personne à part entière, il lui sera très difficile d'établir des relations d'égal à égal avec qui que ce soit. Son estime de lui-même ainsi que sa confiance en lui seront également plutôt déficientes.

La présence aimante du parent permet à l'essence de l'enfant (avec toutes les caractéristiques qu'elle comporte) de prendre la place qui lui revient. L'amour et l'acceptation des parents nourrissent l'estime de soi, la confiance en soi et la découverte de ses qualités intrinsèques (qu'elles soient positives ou négatives) et favorisent de plus l'autonomie et les relations interpersonnelles équilibrées.

La violence

Brièvement synthétisé, un environnement violent correspond à des situations où l'intégrité physique ou morale d'un individu a été violée. La violence peut être infligée de façon intentionnelle ou non. Dans un premier cas, le parent en retire un certain plaisir. Il apprécie le contrôle qu'il exerce sur l'autre ; un contrôle qui lui procure la conviction de pouvoir obtenir à tous les coups les réactions et les comportements désirés de la part de son enfant. De plus, chez certains parents violents, un degré de sadisme entre en jeu, car aux bienfaits du contrôle s'ajoute une satisfaction de voir l'autre souffrir.

La violence non intentionnelle peut aussi être dévastatrice. Les paroles, les attitudes ou les actes du parent causent des préjudices à l'enfant, mais le parent n'en tient aucunement compte. Les sources de cette relative indifférence sont multiples : une telle attitude constitue un apprentissage transmis par le milieu familial du parent ; pour une raison ou une autre, il y a un manque d'intérêt ou d'amour envers son enfant ; des difficultés relationnelles dues à un problème de santé mentale empêchent le parent d'agir autrement, etc.

Nous ne nous attarderons pas longtemps sur la violence particulière que représente l'inceste, sauf pour mentionner qu'une telle agression provoque souvent chez l'enfant une dissociation, c'est-à-dire la séparation de son esprit et de son corps. Plusieurs témoignages indiquent que l'enfant se positionne à l'extérieur de son corps au moment où il est agressé sexuellement. La situation est tellement insoutenable qu'il doit s'échapper dans son monde intérieur. Le secret dans lequel se produit l'inceste, souvent accompagné de menaces pour l'y maintenir, se superpose à l'acte lui-même pour causer des torts psychologiques encore plus grands. Il s'ensuit une difficulté pour l'enfant à se bâtir une forte estime de lui-même ainsi qu'à accorder sa confiance à autrui. La violation touche l'enfant au plus profond de son être et risque d'affecter plus tard ses capacités de développer des relations amoureuses saines.

La violence est, bien entendu, néfaste pour la victime mais aussi pour le bourreau (même si ce dernier n'en est peut-être pas conscient) qui ne peut établir de relation gratifiante avec son enfant. La violence est souvent une réaction apprise dans le milieu familial et transmise de génération en génération, jusqu'à ce que (dans le meilleur des cas) une personne brise le cycle en faisant l'apprentissage d'un autre type de réaction moins destructrice et plus adaptée. La famille peut ainsi évoluer et atteindre un meilleur équilibre.

Un enfant subissant un milieu familial violent développe des mécanismes de défense qui lui permettent de survivre autant que possible. Il fait un apprentissage erroné de ce qu'est l'amour lorsqu'on lui dit qu'on l'aime et que, parallèlement, on abuse de lui. Si on lui dit qu'on ne l'aime pas, il en déduira probablement que c'est parce qu'il n'est pas un être digne d'amour. Son milieu malsain lui enseigne également comment on agit en relation les uns avec les autres. Son niveau de stress est très élevé; d'un côté, la violence est inconstante et hors de son contrôle, de l'autre, il est absolument dépendant de l'adulte qui lui fait subir cette violence. L'adulte est tellement vital dans sa vie que l'enfant n'en conclut pas nécessairement qu'il agit méchamment. S'il subit cette violence, ce n'est pas parce que son parent est un monstre, mais bien parce que l'enfant le mérite, qu'il y a quelque chose qui ne va pas chez lui, qui provoque cette réaction chez l'adulte. Comme la situation échappe à son contrôle, il agit sur ce qu'il est en mesure de contrôler: sa façon d'être avec le parent. La violence du parent envoie un message de menace d'abandon de la relation à l'enfant, ce qui représente un dénouement catastrophique à ses yeux. Pour éviter que le parent ne l'abandonne, l'enfant lui montrera combien la relation est importante pour lui. La dynamique relationnelle évoluera de telle façon que plus le parent sera violent, plus l'enfant voudra lui montrer qu'il l'aime.

Être mal aimé

Les conséquences désastreuses découlant de l'absence et de la violence sont malheureusement assez prévisibles. Dans un environnement où l'enfant est mal aimé, la situation est beaucoup plus subtile, tout en provoquant des effets aussi dévastateurs. Même l'enfant devenu grand aura parfois l'impression que ses parents lui ont donné de l'amour et aura de la difficulté à comprendre pourquoi il ressent de telles émotions. Être «mal aimé» dans le contexte de ce livre signifie être aimé pour la satisfaction des besoins que l'on procure à son parent principal et non pour l'essence de son être différencié. Le bébé comble un manque chez le parent; il existe pour répondre à ses besoins affectifs et à sa soif d'attachement. Le parent voit l'arrivée de ce nouvel être comme la réponse à tous ses maux. C'est celui qui saura enfin soigner ses blessures et le guérir de sa douleur originelle. Il croit fermement qu'avec l'amour de l'enfant, la souffrance disparaîtra. L'enfant joue en quelque sorte le même rôle avec son parent que le partenaire d'une relation de dépendance affective à l'âge adulte. Et ce, avec une plus grande maniabilité, car le parent est en position d'autorité et est pourvoyeur de tout.

En somme, l'existence de l'enfant sert à l'adulte. Il est donc traité comme un objet de satisfaction de ses besoins personnels (ou de non-satisfaction lorsque l'enfant échoue inévitablement), par opposition à le traiter comme un sujet différencié à part entière. Le bébé ne vit pas pour lui-même, il vit afin de pourvoir aux besoins de son parent. Le parent qui réduit son enfant au rang d'objet de satisfaction et de faire-valoir lui dénie toute véritable valeur intrinsèque, car, à l'extrême, l'enfant ne vit qu'à travers les besoins et les désirs parentaux de la perspective de l'adulte. Dans cette situation, le parent est plus ou moins intéressé à connaître son enfant ou à le comprendre.

Il s'établit alors une dynamique manipulatoire et culpabilisante dans la relation dysfonctionnelle parent-enfant, car le parent attend un résultat spécifique de l'enfant. Le parent manipule l'enfant pour obtenir ce qu'il désire, allant jusqu'à utiliser la culpabilité pour arriver à ses fins. Par exemple, il dira à son très jeune enfant de quatre ans, quelque chose comme : « Maman a été gentille avec toi, elle s'est occupée de toi toute la journée. Tu dois maintenant être gentil avec Maman et lui peigner les cheveux. » Le problème ne se situe pas dans ce qui est requis de l'enfant, car la demande est somme toute raisonnable, mais bien dans la manière dont le tout est présenté et dans quelles conditions. L'enfant est peut-être à ce moment fatigué de sa journée et dans la routine du dodo ou en pleine activité ludique, ce qui l'occupe entièrement. Le parent ne respectera pas de tels contextes et réagira de façon culpabilisante si l'enfant tarde à répondre à ses attentes. Tout ça peut sembler anodin en soi, mais c'est la répétition de telles associations et de tels calculs du comportement qui devient néfaste à long terme pour l'enfant. Dans une relation parent-enfant saine, il va de soi pour le parent que son obligation première est de prendre soin de son enfant et non l'inverse. Il ne lui viendrait pas à l'esprit d'exiger une réciproque pour des gestes de soutien ou des tâches normalement associées au rôle parental. La relation est pleine d'amour, d'ouverture, de découvertes et d'acceptation. La gratitude et l'amour que l'enfant éprouve à son égard sont très valorisés, mais ne sont pas comptabilisés au quotidien. Dans une relation parent-enfant saine, le parent se fera un devoir de respecter la routine du dodo et sera très content de voir que son enfant s'amuse par lui-même, bien concentré sur ses jeux. Et en temps et lieu, il saura apprécier les marques d'affection de son enfant à son égard.

L'enfant, dans un milieu familial de dépendance affective, ne reçoit pas un amour inconditionnel et, par conséquent, n'apprend pas à vivre un lien d'amour gratifiant. L'attention et le soutien de son parent viennent avec un prix. Si ces derniers ne sont pas payés, l'enfant se sentira coupable et souvent ne saura pas pourquoi il éprouve une telle culpabilité. Cette dynamique se développe très souvent à l'insu des participants. L'adulte n'a pas encore fait la prise de conscience nécessaire à un changement d'attitude : il croit fermement qu'il aime son enfant correctement et qu'en retour ce dernier se doit de le soulager de sa souffrance. L'enfant, lui, n'a pas connu autre chose ; cette dynamique relationnelle est donc pour lui un modèle à suivre.

Comme le parent est en position d'attente par rapport à l'enfant, il construit un environnement familial favorisant les comportements de l'enfant qui le comblent. Le discours de l'adulte sera truffé d'absolus qui sembleront indéniables à l'enfant, qui en retour favorisera les comportements attendus. « Je t'ai tout donné, tu peux bien me faire cette petite faveur ! » « Qu'est-ce que j'ai fait pour mériter un enfant aussi ingrat que toi, qui ne veut même pas accomplir ce petit service pour sa mère?» «Je suis ton père, tu me dois le respect et tu dois faire ce que je te demande.» Encore une fois, tout comme dans la relation de dépendance affective, le lien se vit en termes d'extrêmes; c'est noir ou c'est blanc. Un parent aimant, mais qui n'a pas fait le travail d'introspection requis pour évaluer sa façon d'être en relation, construira malgré lui un environnement propice au développement de la dépendance affective chez son enfant.

La relation aura tendance à être unilatérale. Le parent exigera le respect total de l'enfant, mais n'aura aucune prédisposition à accorder du respect à son enfant. Dans des situations anodines comme dans des contextes plus difficiles, cette iniquité sera préservée. Par exemple, le père qui revient à la maison après une grosse journée de travail exigera de l'enfant le respect de sa tranquillité (ce qui en soi peut être tout à fait légitime). Par contre, celui-ci n'hésitera pas à éteindre la télévision au beau milieu d'une émission que son enfant regardait, estimant qu'il est temps de passer à autre chose, sans respecter les volontés de l'enfant qui désire connaître le dénouement de son émission. Le parent doit bien entendu jouer un rôle de formateur et prendre des décisions pour le bien de l'enfant, ce qui ne signifie pas la même chose qu'adopter une attitude dictatoriale en faisant constamment fi des désirs et des volontés de son enfant. Dans des cas plus extrêmes, l'adulte exigera une obéissance sans faille en ce qui a trait à toutes les décisions parentales, et ce, sans accorder ne serait-ce que le droit de parole à l'enfant. Cet environnement ne favorise donc ni l'autonomie ni l'expression personnelle de ce dernier.

De telles dynamiques peuvent éclore dans un milieu familial où la religion joue un grand rôle et se manifeste dans tous les aspects du quotidien. Dans ces cas, le père y représente souvent l'autorité absolue et ne permet aucune digression à ce qu'il interprète comme étant requis de ses croyances religieuses. D'autres motifs peuvent aussi devenir source d'autorité excessive. Un parent pourrait, par exemple, valoriser l'exercice sportif et ainsi obliger son enfant à faire partie d'une équipe de balle molle, alors que l'enfant ne démontre aucun désir et n'a véritablement pas d'aptitudes pour cette activité. Chaque session de balle molle sera alors vécue par l'enfant comme une humiliation et un échec, sa personne et ses goûts n'étant pas respectés. Ces expériences peuvent être vécues de façon traumatisante, car l'enfant n'a pas encore développé les mécanismes qui lui permettront plus tard de se protéger des événements qu'il juge négatifs. Pour l'instant, l'enfant vit dans les émotions où tout est à vif. Ces humiliations et ces échecs peuvent considérablement marquer la personne à jamais. Une de mes amies me racontait combien les séances de natation imposées par ses parents pendant des années ont constitué une torture pour elle. Elle appréhendait la journée hebdomadaire fatidique et, souvent, pleurait avant et pendant la séance. Elle en parle encore aujourd'hui avec émotion.

Être mal aimé peut parfois se manifester par un excès d'amour. Le message transmis devient très discordant. En surface, le parent submerge son enfant d'attention, de cadeaux, de sollicitations, ce qui s'interprète de prime abord comme très positif. Le problème se situe, encore une fois, dans la non-reconnaissance de l'enfant en tant qu'être distinct. Dans ce cas, le parent ne veut pas que se termine l'étape du lien fusionnel avec l'enfant. La prolongation d'un tel lien se fait bien sûr au détriment du développement de l'autonomie de l'enfant. Le parent se comporte alors exactement comme la personne en relation amoureuse dépendante. Il résiste à la coupure, car il ne veut pas se retrouver seul avec la souffrance originelle du manque. Il adopte ainsi les mêmes comportements et attitudes que l'adulte en archétype du missionnaire : en donnant à l'excès à l'autre pour qu'il lui soit essentiel, tout en ne lui accordant pas l'attention nécessaire pour le percevoir comme être distinct.

Le lien fusionnel permet également au parent de vivre à travers son enfant. Il réalise ses rêves et ses désirs en se projetant sur son enfant, qui, lui, n'a pas la possibilité d'explorer ses propres rêves et désirs. On lui impose des préférences et des goûts, tout en prétendant que ceux-ci viennent de lui. Il y a là matière à rendre un individu dysfonctionnel, car on fait fi de son essence, tout en adoptant une attitude qui semble indiquer le contraire.

Des mères qui poussent leurs petites filles à s'inscrire à des concours de beauté à un très jeune âge, qui les maquillent et les habillent de manière à les rendre le plus sexy possible, tentent souvent d'accomplir, à travers leur progéniture, un rêve non réalisé qu'elles avaient pour elles-mêmes. Cela peut paraître positif qu'une mère accorde autant d'attention à sa fille et lui dise constamment qu'elle est la plus belle, mais l'enfant peut vivre une forte pression indue et apprendre que seule l'apparence compte. C'est la même chose pour les pères qui veulent voir leur fils devenir joueur de hockey professionnel et les poussent, encore une fois à un très jeune âge, à pratiquer intensivement ce sport. La pression exercée sur l'enfant peut devenir très forte si elle ne tient pas compte du talent réel. J'ai vu récemment l'entrevue d'un père qui incitait son fils à poursuivre sa « carrière » au hockey malgré un talent insuffisant, en l'encourageant à devenir le fier-à-bras de l'équipe (avec les dangers de blessures que cela implique). L'attitude et la gestuelle du fils démontraient assez clairement que ce n'était pas son rêve à lui, même s'il tentait de nous convaincre du contraire.

Afin de prolonger le lien fusionnel, le parent exerce une forte emprise sur l'enfant. Ce contrôle vise à restreindre son imaginaire et sa créativité, sources potentielles de différenciation. Le comportement du parent à l'égard de l'enfant et son attitude créent l'illusion que ces deux personnes ne font qu'une, qu'ils partagent les mêmes opinions, valorisent les mêmes éléments, ont les mêmes goûts, etc. Dans des cas extrêmes, même la lecture est vue comme un danger, car elle pourrait permettre à l'enfant d'élargir ses horizons et, par conséquent, de se distancier un tant soit peu de la relation parentale.

Comme on sait, l'enfant est totalement dépendant de son parent, ce qui inclut bien sûr la dépendance à son amour. Ce qui diffère dans un environnement parental où l'enfant est mal aimé, c'est que l'adulte est également dépendant affectif de son enfant. L'amour qu'il lui voue n'est pas inconditionnel, il n'est pas désintéressé. La dynamique de cette dépendance peut se manifester de bien des façons : le parent qui agit en ami avec son enfant plutôt qu'en figure d'autorité de peur de perdre son affection, la parentification, l'emprise ou l'accaparement parental. Passons maintenant à l'examen plus approfondi de ces différentes relations parentales dues à des besoins affectifs non résolus.

Le parent-ami a de la difficulté à jouer son rôle et à imposer une discipline, car cette dernière est potentiellement une source de conflits entre lui et son enfant. En effet, l'enfant pourrait lui manifester des sentiments hostiles et cette réaction irait à l'encontre de son besoin d'amour. Le parent a peur de perdre l'amour de son enfant en étant sévère avec lui. L'enfant, de son côté, n'aura pas la chance d'intérioriser les interdits et de ressentir les limites d'acceptabilité de son comportement. De plus, conséquence encore plus affligeante, l'enfant s'habituera à obtenir de la satisfaction immédiate. Il ne pourra pas développer de stratégies personnelles pour pallier les inconvénients de l'attente et des insatisfactions, terrain propice au développement de dépendances. Le manque de volonté disciplinaire peut aussi être dû à une perte de patience, de persévérance de la part du parent. L'enfant obtient ce qu'il veut à l'usure. Le parent qui privilégie un lien d'amitié avec son enfant le traitera comme son égal et croira, à tort, que celui-ci comprendra que cette fois-ci seulement il a abandonné la partie pour une raison justifiée, que c'est finalement juste une exception. De son côté, l'enfant, qui a tout son temps, comprend que s'il insiste assez, il obtiendra ce qu'il veut et ainsi il n'accepte pas le refus. Les enfants peuvent faire preuve d'une ténacité hors du commun lorsqu'ils désirent vraiment quelque chose ou lorsqu'ils perçoivent qu'il y a un rapport de force, le parent ne pouvant sous aucun prétexte céder et ainsi créer un précédent, même si cela lui demande une grande énergie ou qu'il n'a pas envie d'entrer dans une situation conflictuelle à ce moment-là.

Ce principe s'applique également aux conséquences promises en cas de comportements fautifs. Avant de choisir la punition, il faut s'assurer que nous pouvons et voulons l'imposer. Un jour, je gardais mes deux nièces pendant une semaine et l'une d'elles ne voulait absolument pas se brosser les dents. J'avais essayé plusieurs menaces de punition ou de privation si elle ne se brossait pas les dents, dont celle de la priver de l'activité spéciale prévue le lendemain (conséquence difficilement applicable sans priver sa sœur de l'activité). Rien ne fonctionnait. Comme je ne voulais absolument pas devoir annuler l'activité, mais me faire obéir, je me suis donné beaucoup de mal pour trouver une autre solution. J'y suis finalement arrivée avec une stratégie opposée. Je lui ai rappelé combien j'avais été fière d'elle, la veille, lorsqu'elle s'était brossé les dents et combien je serais à nouveau fière d'elle si cela se reproduisait ce soir-là. Et ouf, cela a fonctionné!

Imposer une discipline à son enfant en appliquant des conséquences lorsqu'il commet une faute est à l'opposé du manque d'amour perçu par le parent-ami. L'enfant éprouvera peut-être des sentiments hostiles à l'égard de son parent au moment où les règles lui sont imposées, mais ce ressentiment sera de courte durée si les règles ont été clairement établies, qu'elles sont appliquées de façon constante et qu'elles ne sont pas de nature à aller à l'encontre des qualités intrinsèques de l'enfant. Devenu adulte, l'enfant sera souvent reconnaissant au parent qui lui a permis d'intégrer une discipline personnelle.

La parentification est la forme la plus aboutie de la relation de dépendance parent-enfant, cette forme de relation où l'enfant existe afin de répondre aux besoins de son parent. Il s'agit d'une inversion des rôles «enfant» et «parent» dans une famille. L'enfant est celui qui soutient et qui apporte les soins nécessaires à son parent (ou ses parents), et ce, souvent très tôt dans son développement. Cette inversion n'est pas temporaire ou sporadique, elle devient la manière d'être dans l'unité familiale. Il va sans dire que les capacités de l'enfant ne sont pas suffisantes ou adéquates pour répondre à une telle sollicitation. Celui-ci fera donc l'expérience de l'échec, car malgré tous ses efforts, il ne pourra pas répondre aux exigences de manière satisfaisante. Surtout si le parent à la source d'un tel type de relation peine à se sortir de la souffrance qu'il a ressentie en tant que nourrisson et qu'émotionnellement il en est resté à cette phase de sa vie. C'est donc mission impossible pour l'enfant ; il ne peut pas retourner dans le passé pour soulager son parent-nourrisson ! Un élément distinctif de la parentification est également l'absence de reconnaissance de ce que l'enfant donne au parent, et des efforts supplémentaires qu'il déploie pour rendre son parent heureux. Les effets néfastes de cette absence de reconnaissance sont considérables. L'enfant grandit en faisant continuellement l'expérience d'une grande injustice. Il apprend qu'il doit en faire plus que les autres pour que cela compte autant. Il est renié dans sa vérité. La balance de la justice ne penche jamais de son côté. À un certain moment, l'enfant devra choisir d'accorder de la valeur à ses perceptions et à son interprétation, ou alors choisir de les renier, car elles sont en contradiction avec le discours parental.

Comme dans tout lien de dépendance, le parent ne cherche pas à connaître ou à comprendre son enfant-parent. Le filtre de la dépendance s'active et le parent ne voit pas vraiment son enfant tel qu'il est, mais bien en fonction de ses besoins. L'enfant grandit dans une situation souvent intenable où tout lui est exigé et où rien ne lui est accordé, même pas la reconnaissance du côté anormal de la situation. Au contraire, on lui fait sentir qu'il a une dette éternelle envers son parent. Ce que l'enfant fait pour le parent est systématiquement minimisé et, à l'opposé, tout ce que le parent a déjà fait pour l'enfant est amplifié et sert à répétition l'argumentaire que l'enfant lui est toujours redevable. Il s'agit de l'inverse d'une relation parentale saine: l'enfant fait et donne plus qu'il ne reçoit de son parent et vice versa. En fait, ce sont moins les attentes et les demandes faites qui lui sont le plus préjudiciables que la non-reconnaissance de l'apport supplémentaire de sa part et du déséquilibre de la relation. La leçon retenue par l'enfant devenu adulte est que l'amour est pesant, qu'il ne comporte pas de légèreté, qu'il demande beaucoup et apporte peu, et que la plupart du temps il est voué à l'échec. Il ne se sentira pas libre d'être lui-même dans sa relation à l'autre, car l'amour qu'il a reçu de son parent était conditionnel à son apport et non en lien avec sa personne. Typiquement, il éprouvera aussi de l'insécurité sur divers plans, ayant connu une dynamique de menaces et d'indifférence, et redoutera que l'autre quitte la relation au moindre prétexte. Enfin, d'autres vont fuir les relations amoureuses à tout prix, pensant y trouver les mêmes pressions et injustices que dans la relation avec leur parent; qu'ils ne pourront pas simplement être eux-mêmes. Comme ils ont été obligés de jouer un rôle de soutien tôt dans leur vie, ils ont habituellement bien développé leur autonomie.

Dans la dynamique de la parentification, le message que communique le parent à son enfant est teinté d'insatiabilité – quoi que l'enfant donne ou tente de donner à l'adulte, ce ne sera jamais suffisant; ce sont des sables mouvants qui engloutissent tout et qui ensuite demeurent inchangés en surface – d'ingratitude, si l'enfant se plaint de ce qu'on exige de lui, il est traité d'ingrat (après tout ce que ses parents lui ont donné, comment peut-il se lamenter ainsi?); de disqualification, l'enfant n'est pas reconnu comme un être distinct avec ses préférences et ses qualités personnelles. Les stratégies employées par le parent pour culpabiliser son enfant, de manière qu'il réponde à ses demandes, sont très diversifiées: allant du traitement par le silence (une façon de renier complètement la présence de l'autre); aux menaces; à l'utilisation de sa souffrance comme élément distinctif de sa personne (il est le seul à souffrir autant, donc on doit l'aider); à l'invention de maladies créées de toutes pièces (stratégie souvent utilisée lorsqu'un autre membre de l'entourage immédiat accapare l'attention en souffrant de maladie ou en requérant temporairement des soins particuliers, comme lors d'une grossesse); à prendre ses amis à témoin (ou toute autre personne importante aux yeux de l'enfant); au chantage émotif. Rien ne sera épargné. Dans certains cas, le parent ira jusqu'à nier ce que ressent ou perçoit l'enfant pour appuyer son argumentation. Face à cette situation contradictoire, l'enfant devra décider où il place sa confiance : en lui-même (il se fiera à son ressenti et à ses perceptions des situations vécues) ou en cette personne d'autorité (il choisira de croire son parent au détriment de ses propres sensations). Comme les rôles à l'intérieur de la relation sont inversés, le parent aura également tendance à agir de manière à transférer ses responsabilités sur son enfant tout en faisant comme si c'était dans l'ordre des choses. Dans le cas où le parent souffre en plus d'un trouble narcissique, il aura tendance à s'accaparer les plaisirs et les succès de son enfant, réduisant ainsi encore plus la satisfaction que l'enfant pourrait éprouver envers lui-même.

Si l'enfant a le malheur de grandir dans une famille où les deux parents s'inscrivent dans cette dynamique, il subira alors des demandes des deux adultes qui pourraient entrer en compétition. Cela entraîne alors encore plus d'insatisfaction, d'insatiabilité et de sources de culpabilisation. Lors de la séparation ou du divorce de ce type de parents, l'enfant est utilisé comme « balle de ping-pong » dans leurs échanges conflictuels, chacun le poussant vers ses demandes et accablant l'autre d'une infinité de reproches.

Comme on peut le constater, le portrait que dresse la dynamique de la parentification n'est pas très sain. Ce qui est encore plus malheureux, c'est que le parent en a été la première victime. Son enfance a constitué un terrain fertile de souffrance à laquelle il n'a jamais su faire face. En position d'autorité, il devient le bourreau de son enfant et l'instigateur d'une nouvelle source de souffrance. Il n'a pas la capacité ou la volonté d'analyser objectivement la façon dont il est en relation avec sa progéniture et souffre que ça ne se passe pas comme il le souhaiterait. Souvent, l'enfant devenu adulte vivra la relation avec son parent comme une corvée, qui ne lui procure donc pas beaucoup de joie. S'il est toujours sous l'emprise de la culpabilisation de son parent, il le fréquentera assidûment quand même, sinon il espacera et raccourcira ses visites au minimum, jusqu'à même couper complètement les ponts. Ce manque de présence et d'enthousiasme à son égard sera totalement incompréhensible pour le parent, qui le reprochera à son enfant en lui demandant ce qu'il a fait pour mériter une telle ingratitude. Mais, imperméable à la perspective de l'autre, il ne sera pas disposé à écouter la réponse (s'il y en a une), stimulant ainsi de moins en moins de présence d'une part, et générant de mauvaises perceptions d'autre part, dans un mouvement autorenforçant à l'infini.

En conclusion, l'enfant issu d'un milieu familial où il existe une relation parentale de dépendance éprouvera beaucoup de difficultés à l'âge adulte. Le fait de n'avoir pas été reconnu comme un être à part entière par la personne la plus essentielle de sa vie, mais au contraire d'avoir été utilisé par elle, est excessivement douloureux. Cela affecte négativement l'individu à l'essence même de son âme. L'enfant devenu adulte peut éprouver des sentiments haineux pour celui ou celle qui n'a pas su l'aimer simplement pour lui-même. La haine envers sa mère ou son père, on le sait, est un sentiment difficilement acceptable, surtout si ce parent a toujours adopté un discours où il joue le beau rôle dans la relation avec son enfant. L'entourage, la société et les principaux mouvements religieux condamnent les sentiments haineux envers ses parents. La honte et la culpabilité viennent alors complexifier encore plus la situation. Éprouver de la haine pour sa mère ou son père est tellement inconcevable que ce sentiment est souvent refoulé dans l'inconscient et jamais ressenti en tant que tel par l'individu. Cependant, qu'elle soit présente à l'esprit ou pas, la haine influence grandement la personne dans ses relations avec autrui. Elle peut constituer, comme nous l'avons déjà exploré, le critère principal du choix du partenaire de vie, qui devient alors le réceptacle de toutes ces émotions négatives. Le but ultime du transfert demeure que ces sentiments disparaissent. C'est cependant une mission vouée à l'échec car le partenaire n'est pas la source initiale de la haine, il ne pourra donc pas participer à son élimination. Seule une prise de conscience personnelle permettra à l'individu de faire face à ses sentiments afin de se libérer de cette emprise et d'accéder à un avenir plus réjouissant.

Chapitre 4
Exemples de cas de dépendance affective

Après avoir défini la dépendance affective, en avoir exposé les caractéristiques principales et cherché la source, nous allons nous pencher sur des illustrations spécifiques du phénomène. La description des cas de sept personnes aux prises avec différentes formes et intensités de dépendances (affective et à des substances) nous permettra de constater concrètement comment tout cela se traduit dans le quotidien.

Juliette

Juliette est une femme dans la soixantaine qui a grandi dans une famille de plusieurs enfants où le père était le plus souvent absent. Le milieu familial était strict et aimant, mais avec autant d'enfants et un seul parent, Juliette n'a pas bénéficié de toute l'attention dont elle avait besoin. Ses goûts et ses préférences concernant son habillement, ses loisirs et ses choix de carrière n'ont pas été respectés. Comme elle n'a pas pu ou su développer une forte confiance et estime d'elle-même, elle a constamment vécu dans la peur de l'autorité. Elle ne s'est donc pas rebellée contre les exigences parentales. En conséquence, elle a toujours eu l'impression de ne pas compter, de subir sa vie plutôt que de la vivre ; cette perspective est bien sûr accompagnée d'un fort sentiment de souffrance et d'injustice. Juliette n'a jamais éprouvé beaucoup de joie de vivre.

À l'âge adulte, elle n'apprécie pas son travail, son père ayant refusé de la soutenir dans la carrière qu'elle avait choisie : la médecine. Pour ce dernier, une femme était infirmière, institutrice ou secrétaire. Juliette, vivant toujours sous le joug parental et ayant trop peur de la désobéissance, n'a pas cherché à trouver un moyen de faire ce qu'elle désirait. Elle a plutôt opté pour la carrière d'infirmière, se disant que ce serait le travail le plus près de son rêve. Cependant, ce choix comportait son lot de frustrations puisqu'il s'agissait, dans son esprit, d'une carrière de subalterne. Son travail devient vite affligeant. Elle se sent encore sous l'emprise d'une autorité qui ne la prend pas en considération, le tout ravivant son insécurité et son manque d'estime d'elle-même. Sa vie est donc sous l'emprise du mal-être. Son unique objectif devient l'élimination de cette souffrance à tout prix. Pour ce faire, elle vit plusieurs relations amoureuses très intenses coup sur coup, mais de courtes durées, ses partenaires n'étant pas aussi déterminés qu'elle à s'engager à long terme. Chaque fois, Juliette perd tous ses moyens et envisage même d'en finir. Elle vit un rejet perpétuel insoutenable qui lui rappelle inlassablement celui qu'elle a ressenti, enfant, de la part de ses parents.

Jusqu'au jour où elle rencontre Henri, un jeune homme qui travaille depuis quelques années déjà à la quincaillerie familiale. Tout comme elle, il a plusieurs frères et sœurs. Dès leur rencontre, c'est le coup de foudre ! Ils ont trouvé chacun leur âme sœur ! À partir de là, tout se passe très vite. Ils se marient après quelques mois de fréquentation et ont trois enfants en quatre ans de mariage. Mettre en place cette nouvelle vie et prendre soin de tous ces bébés apporte une nouvelle sérénité à Juliette, surtout qu'après chaque naissance elle profite d'un long congé de maternité qui lui évite de se sentir dépréciée au travail par les médecins et les administrateurs de l'hôpital.

À l'opposé, son couple va de moins en moins bien. Elle ne ressent pas le soutien auquel elle s'attendait de la part d'un mari. Il ne correspond pas du tout à l'idéal qu'elle s'était fait de lui. Juliette ne réalise pas que la plus grande qualité d'Henri était qu'il voulait un engagement à long terme. Pour le reste, elle a supposé qu'il correspondait à son idéal sans en faire la vérification préalable. Elle s'est rapidement liée à lui sans le connaître. Henri est de plus en plus souvent absent de la maison et donne comme excuse que ses responsabilités à la quincaillerie sont de plus en plus prenantes. Cette absence lui rappelle constamment celle de son père et lui confirme qu'elle ne mérite pas d'être aimée comme elle le voudrait. À Henri, le mariage apporte une certaine stabilité, un certain soutien. En réalité, c'est un joueur compulsif, trouble qu'il cache à la maison. Il s'enfonce de plus en plus dans des dettes de jeu et, progressivement, il est envahi par cette problématique.

Juliette est de plus en plus déçue de son mariage avec Henri. Elle se sent victime d'une grande injustice, car la réalité ne correspond pas du tout aux promesses des débuts, ce qui accroît sa souffrance et ses sentiments négatifs. Inconsciemment, elle ne peut imaginer quitter la relation, car ce serait pour elle une affirmation de rejet tout à fait intolérable. Consciemment, elle se dit qu'elle reste avec Henri pour les enfants. Comme dans son esprit elle se sacrifie pour eux (elle endure son couple pour ne pas briser la famille), elle en vient à les tenir responsables de son malheur. Prise dans cet étau de fausses croyances, elle se tourne vers ses jeunes enfants pour obtenir la satisfaction de ses besoins. Elle joue au martyr pour tout exiger de ses enfants. Ils doivent la rendre heureuse, combler ses besoins d'affection, d'attention et de reconnaissance, après tout ce qu'elle fait pour eux. Henri n'étant pas présent physiquement et émotionnellement (étant aux prises avec ses démons personnels liés au jeu compulsif), il devient le méchant de service. Juliette s'en sert pour montrer aux enfants à quel point elle est là pour eux, contrairement à leur père. Cet argumentaire alimente les stratégies de manipulation et de culpabilisation utilisées par Juliette pour obtenir ce dont elle a besoin de ses enfants.

Au fil du temps, la souffrance initiale de Juliette, ses croyances erronées et son absence de prise de conscience provoquent des problèmes relationnels avec tous les êtres importants de sa vie. L'écart entre ce qu'elle avait cru voir chez Henri et ce qu'il est vraiment est trop grand pour que la relation conjugale soit saine. Juliette se présente comme une victime envers lui, car il a, selon elle, délibérément manqué à ses promesses. Il devient le principal responsable de sa souffrance. Un bouc émissaire trop utile pour avoir envie de le quitter. Malgré tout ce qu'elle a sacrifié pour eux, ses enfants n'ont pas réussi à apaiser ses souffrances. À ses yeux, ce sont des êtres ingrats qui ne respectent pas ses besoins fondamentaux et qui ne sont pas là pour elle comme elle l'a été pour eux. Au travail, ses relations sont difficiles, car elle perçoit l'attitude d'autrui à son égard comme étant rabaissante, puisqu'elle n'est pas médecin mais seulement infirmière. Elle n'est pas proche de ses frères et sœurs, ni de ses parents, car ils lui rappellent le climat d'indifférence de son enfance. Elle ne croit pas compter à leurs yeux, donc elle ne veut pas qu'ils comptent pour elle.

La vie de Juliette se déroule jour après jour dans l'insatisfaction et la souffrance. Elle se positionne elle-même toujours au cœur de ses croyances erronées, et ce, sans se connaître vraiment. Son mal-être et ses besoins l'accaparent entièrement, l'empêchant pour l'instant d'amorcer une prise de conscience d'elle-même et de ses relations avec autrui. À la longue, cela devient un cercle vicieux car sans prise de conscience du réel, on est étranger à la problématique qui nous afflige, ou pire, ce qu'on perçoit comme étant la difficulté est une fausse interprétation.

En se posant les bonnes questions lorsqu'on veut changer quelque chose, on s'approche de l'essentiel. Plus on s'attarde à trouver la bonne façon d'exprimer le défi auquel on est confronté, après avoir bien analysé et compris les tenants et aboutissants d'une situation, plus rapidement on trouve des pistes de solution. En faisant un travail sur elle-même, Juliette pourrait accepter la responsabilité de sa vie et ainsi s'engager plus avant, être moins victime des événements et des autres. Elle pourrait voir que ce sont ses choix et la perspective de la vie qu'elle a adoptée qui l'ont menée là où elle est présentement. Ce nouvel éclairage modifierait complètement sa manière de considérer son mariage, son travail, ses enfants et sa famille, cela pourrait lui apporter plus de joie, de sérénité et de satisfaction, ce à quoi elle aspire depuis longtemps. Mais ce travail sur soi est laborieux, il nécessite beaucoup d'efforts et de persévérance ; ce changement ne peut s'effectuer en un tournemain.

Ce ne sont jamais les situations de nos vies qui engendrent le bonheur ou le malheur, mais la perspective adoptée par rapport à ces dernières, la nature des pensées qui y sont associées. Si les pensées sont positives, la situation apportera du bonheur et vice versa. Il est vrai que certaines situations sont plus susceptibles d'engendrer des jugements positifs et d'autres des jugements négatifs. Mais on parle toujours de jugement. Un jugement est un schème de pensées attribué à un objet, à une personne ou à une situation. Le film de Sean Penn, *Into the Wild*[15], illustre bien comment une situation est vécue en fonction des pensées et des sentiments qui lui sont associés. Les mêmes circonstances externes peuvent générer des vécus tout à fait opposés chez le même protagoniste.

Le film raconte l'histoire véridique d'un homme issu d'une famille aisée qui refuse de vivre dans la société capitaliste des années 80 aux États-Unis. Son vœu le plus cher est de vivre de ses propres moyens dans la forêt enneigée de l'Alaska pour ne faire qu'un avec la nature environnante. Il ne veut avoir besoin de rien ni de personne. Il traverse les États-Unis sur le pouce et arrive finalement à destination, en plein hiver. Un jour, au

---

15. Sean PENN. *Vers l'inconnu* = *Into the Wild* , 2007, Paramount Vantage, River Road Entertainment, Art Linson Productions, 147 min, coul., film.

plus profond de la forêt, il traverse une étendue d'eau gelée. De l'autre côté, après avoir marché encore longtemps, il fait la découverte extraordinaire d'un autobus abandonné. Il s'y installe et vit des mois d'intense bonheur où il a tout le loisir de réfléchir sur la vie en général et sur ses aspirations en particulier. Au fil du temps, sa perspective de la vie évolue et il réalise qu'il a effectivement besoin des autres et que rien n'est plus important que l'amour dans la vie! Satisfait de son séjour en solitaire, il s'apprête à retourner vers la civilisation. Cependant, les conditions météorologiques ont changé. La rivière n'est plus glacée. Il n'y a pas moyen de la traverser, le courant est trop fort et l'eau trop profonde. L'homme se sent maintenant prisonnier de ces grands espaces. Il retourne à l'autobus, mais la joie d'avant est remplacée par l'angoisse, la frustration et le sentiment d'un isolement extrême. Il dépérit de jour en jour pour finir par en mourir. Les circonstances de la vie du protagoniste sont identiques du début à la fin du film. Le seul facteur qui diffère entre la première traversée de la rivière et la tentative de retour est son état d'esprit. Celui-ci passe d'une perspective de contrôle du choix de lieu de vie en toute liberté, à une perspective où il se sent prisonnier des conditions environnantes. Cet exemple est pour moi très probant sur la puissance du cerveau et du discours intérieur. En ne modifiant que la manière d'analyser tous les aspects de sa vie, Juliette pourrait accroître sensiblement son état d'esprit et son bien-être général.

Nathalie

La naissance de Nathalie est venue perturber la vie familiale. Ses parents ne désiraient pas d'autres enfants. Elle a grandi dans un milieu de parfaite indifférence, subissant très tôt un manque d'amour et d'attention. Ses parents étaient impatients avec elle et ne respectaient pas sa nature propre, car cela demandait trop d'efforts de leur part. Ils la dénigraient constamment. Elle représentait pour eux un surplus de travail non désiré. Nathalie tâchait de prendre le moins de place possible et d'être la plus charmante possible afin de garantir la présence de sa famille à ses côtés, de ne pas se faire abandonner par celle-ci. En réalité, elle refoulait constamment ses émotions et essayait du mieux qu'elle pouvait d'imiter son frère et sa sœur, aimés de ses parents, ce qui empêchait sa nature propre d'éclore.

À l'âge adulte, elle utilise son charme et sa sexualité pour attirer des hommes dans sa vie. Ses relations amoureuses suivent constamment le même cheminement. Tout se passe très vite. L'intimité sexuelle est entamée rapidement, parfois dès la première rencontre, et la cohabitation survient dans les semaines qui suivent. Elle aime les hommes qui veulent la contrôler et qui démontrent un tempérament de type jaloux. Ces deux caractéristiques lui procurent un sentiment de sécurité et la réconfortent. Enfin, il y a quelqu'un dans sa vie qui prête assez attention à sa personne pour vouloir contrôler ses comportements et ses choix de vie. Dans son esprit, la jalousie est une grande marque d'amour, car si son partenaire ne veut pas qu'elle soit avec un autre, c'est qu'il l'aime et désire qu'elle soit à lui. Son milieu familial ne lui a pas permis de développer assez de confiance en elle-même ni d'estime de soi pour percevoir à quel point ces deux croyances sont nocives ; que la volonté de contrôle et les démonstrations de jalousie ne sont pas des preuves d'amour, bien au contraire.

De plus, les hommes jaloux et contrôlants ne sont habituellement pas très ouverts aux différences de l'autre, ce qui ne crée pas un environnement relationnel propice à faire éclore la vraie nature de Nathalie. Elle continue à séduire pour être aimée, tout en ne cherchant pas à se connaître elle-même. Elle se situe constamment dans le paraître et ne veut pas aller voir ce qu'il y a au fond d'elle-même. Elle ne se respecte pas et n'exige pas le respect de son partenaire. Au fil du temps, elle accumule ainsi beaucoup de frustration, car elle refoule invariablement ses vrais sentiments et ses besoins personnels.

Dans une soirée entre amis, Nathalie rencontre Jacques. L'ambiance est à la fête, l'alcool coule à flots, les gens dansent. Nathalie et Jacques terminent la soirée dans la chambre d'amis à consommer sexuellement leur rencontre. Ils ont dès lors la conviction d'être faits l'un pour l'autre, tellement leur attirance physique est forte. Ils ne se quittent plus. À mesure que le temps passe, Nathalie voit de moins en moins ses amis et sa famille. Elle est continuellement harcelée par Jacques lorsqu'elle n'est pas à ses côtés. Il l'appelle de 20 à 25 fois par jour au travail pour savoir ce qu'elle fait et avec qui elle est. Lorsque Jacques travaille à son tour, il l'appelle aussi dès qu'il en a la chance. Une dynamique s'installe où Nathalie n'ose plus fréquenter des gens sans Jacques, que ce soit sa famille, ses amis ou même ses collègues de travail. Au début, elle apprécie énormément ce contrôle ; elle se sent appréciée et soutenue. Si bien que les jours où Jacques l'appelle moins fréquemment, c'est elle qui essaie de le contacter, car elle croit avoir fait quelque chose pour provoquer ce manque d'attention. Les fois où enfin, elle prend la décision de faire une activité sociale sans Jacques, son téléphone sonne sans arrêt et elle finit par passer la sortie à se justifier et à tenter de calmer son amoureux au téléphone, ce qui l'empêche de s'amuser et d'être vraiment avec les gens qui l'accompagnent.

Le ton de Jacques devient de moins en moins respectueux. Pour faire passer sa frustration et sa jalousie, il n'hésite pas à employer des mots très vulgaires et très dégradants pour qualifier Nathalie, son comportement, les personnes de son entourage. Il lui dit qu'elle est tellement laide qu'il doit se fermer les yeux et imaginer quelqu'un d'autre pour provoquer une érection. Il lui dit que tout ce qu'elle veut, c'est se faire fourrer par un autre, qu'elle essaie d'allumer tous les hommes qu'elle rencontre, qu'elle ne pense qu'au sexe et qu'elle est obsédée par le porno, qu'elle est tellement épaisse qu'il a honte d'être en sa compagnie. Elle est toujours en mode séduction et n'a pas la confiance et l'estime de soi nécessaires pour établir clairement ses limites et se faire respecter. Malheureusement, elle accepte sans rien dire l'attitude destructrice de son compagnon. Elle trouve généralement des excuses à chacune de ses paroles blessantes et dégradantes. Elle n'en parle pas à son entourage de peur d'être jugée. Et s'ils commenceraient eux aussi à la dénigrer à propos de sa relation amoureuse! Une vision plus globale de la situation lui permettrait probablement de constater que les reproches de Jacques sont en fait de la projection. Il projette sur elle ce qu'il pense de lui-même.

Du côté financier, ils partagent un appartement depuis un an et ont accumulé des dettes conjointes. Même si Nathalie s'ouvrait les yeux sur la relation et voyait tout le mal qui lui est fait, elle aurait encore des réticences à rompre, car elle croit ne pas en avoir les moyens. Jusqu'au jour où Jacques la pousse violemment sur le lit et essaie d'obtenir de force des relations sexuelles. Là, Nathalie atteint sa limite. Quelque chose au fond d'elle-même se soulève et lui crie que ce n'est pas acceptable, que Jacques doit partir coûte que coûte. Elle lui dit que tout est terminé entre eux, qu'ils ne peuvent pas continuer ainsi et qu'il doit partir dès maintenant. Une fois ce dernier parti de l'appartement, Nathalie se retrouve seule avec elle-même. Elle souffre énormément. Peu à peu, elle se rappelle les bons côtés de Jacques, combien elle l'aime, combien il lui serait difficile de poursuivre sa vie de célibataire. À force de retourner ses pensées dans tous les sens, elle en vient à la conclusion que dans le fond, elle l'a provoqué. Par sa séduction naturelle, elle lui a envoyé des signaux malgré elle et il a agi en conséquence. Ce n'est qu'un malentendu, il n'a voulu que lui montrer combien il l'aime. Au beau milieu de la nuit, Nathalie n'y tient plus, elle rappelle Jacques et lui demande de revenir à la maison; elle ne peut pas vivre sans lui.

De son côté, Jacques, en quittant l'appartement du couple, est parti rejoindre une autre femme avec qui il entretient une relation depuis un moment. Cette femme l'a accueilli à bras ouverts. Dans l'esprit de Jacques, la relation avec Nathalie est terminée depuis longtemps. Il n'y retrouve plus les plaisirs du début ; l'amour, pour lui, s'en est allé. Il est maintenant prêt à commencer une relation amoureuse avec cette nouvelle femme. Il ne répond pas aux nombreux appels de Nathalie ; il coupe tous les ponts avec elle.

Nathalie se retrouve tout à fait seule, sans conjoint, sans famille, sans amis. Même ses collègues de travail l'ont peu à peu délaissée. Elle est sans moyens, n'a pas de soutien ou de ressources vers qui se tourner. Elle rumine toujours les mêmes pensées culpabilisantes. Si elle ne lui avait pas dit de partir, Jacques serait encore à ses côtés. Tout le vécu négatif de la relation est oublié, il est refoulé au plus profond d'elle-même. Ses pensées se tournent continuellement vers les aspects positifs de la relation, que ceux-ci soient réels ou créés de toutes pièces. Ce cercle vicieux de la pensée s'engendre par la souffrance d'être seule, celle d'avoir vécu un rejet aussi intense, de la honte de ne pas avoir été à la hauteur, de ne pas avoir été capable de retenir son amoureux malgré tous ses efforts, malgré le fait qu'elle a accepté à peu près tout de lui.

Le besoin d'affection qu'éprouve Nathalie la domine complètement. Elle n'est pas assez détachée de son vécu pour en faire une analyse objective où elle pourrait découvrir à quel point cette relation ne lui était pas bénéfique. Elle souffrait autant avec Jacques que sans lui ; dans le fond, la dynamique entre eux occupait son esprit sans toutefois nourrir son être adéquatement. Elle passait ses journées à se poser des questions à savoir si elle avait agi de manière à satisfaire Jacques, à répondre à ses besoins à lui, ou à se justifier sur telle ou telle situation. Tout cela est très distrayant mais peu gratifiant ou même satisfaisant, compte tenu du rapport condescendant que Jacques entretenait avec Nathalie et qu'il se souciait peu de ses besoins à elle.

Ce cycle risque de se poursuivre jusqu'à ce que Nathalie amorce une démarche personnelle. Ce moment surviendra peut-être parce qu'elle aura atteint son fond psychologique ou parce qu'elle aura enfin acquis un minimum de confiance en elle et d'estime de soi, éléments essentiels pour faire le premier pas en vue de modifier son attitude et son comportement dans ses relations amoureuses. Elle aura alors la possibilité d'entreprendre le processus de guérison des blessures de son enfance.

Christophe

Le milieu familial de Christophe est un milieu aisé, intellectuel, cartésien. Sa mère est un professeur universitaire de grande renommée et son père est fonctionnaire de l'État. La relation de couple des parents de Christophe est très déséquilibrée. La mère a choisi un homme de peu d'ambition pour qu'il puisse prendre en charge les tâches ménagères et s'occuper des enfants, sauf de leur éducation, qui demeure son domaine à elle. Elle n'a pas beaucoup de considération pour les tâches ménagères, qu'elle voit comme trop insignifiantes pour les accomplir elle-même. La mère traite le père de Christophe de façon condescendante, en exigeant qu'il accomplisse ces tâches sans respecter les envies ou les préférences du père. Pour son fils, la mère de Christophe a toujours eu des attentes élevées en ce qui concerne ses études et sa future carrière. Dès un très jeune âge, Christophe ressent une forte pression maternelle pour tout ce qui concerne son parcours académique. Il n'est pas question pour lui de ne pas aller à l'université. Secrètement, Christophe rêve de devenir policier. Il adore résoudre des énigmes et se sentir utile de façon très concrète. Il suit assidûment les séries policières qui passent à la télévision et s'est acheté un balayeur d'ondes pour écouter la fréquence policière. Il n'a jamais avoué ce penchant à personne et il éprouve de la difficulté à se l'avouer à lui-même, tellement ce type de profession n'est pas valorisé par sa mère.

Au primaire, ses parents l'inscrivent à un club d'échecs qui se réunit trois fois par semaine, incluant une fois le week-end. Christophe ne ressent aucun plaisir à jouer aux échecs, mais il se convainc que c'est parce qu'il ne fait pas assez d'efforts ; qu'il n'y porte pas assez attention. Son talent naturel en la matière n'est pas très élevé, surtout en comparaison avec les autres membres du club. Chacune des sessions représente pour lui une torture mentale. Son niveau de stress augmente de façon significative et l'empêche de réfléchir librement, lui faisant perdre des parties qu'il devrait normalement gagner. Il a constamment l'impression de décevoir sa mère en n'atteignant pas les résultats auxquels elle s'attend.

Il travaille énormément pour obtenir des résultats scolaires adéquats. Sa mère lui accorde beaucoup d'attention dans un seul secteur de sa vie, celui des études. Elle le voit déjà devenir membre de sa faculté et ainsi impressionner ses collègues. Jamais elle ne se pose de questions au sujet de l'avenir de son fils. Ce dernier est destiné à poursuivre une carrière dans son domaine, point à la ligne. Du côté des relations amoureuses, aucune fille n'est à la hauteur de son fils. Christophe est tellement proche de sa mère et ne veut tellement pas la décevoir qu'il demeure célibataire jusqu'à un âge avancé. Même après avoir quitté la maison familiale, il lui parle tous les jours. Il travaille maintenant à la même faculté que sa mère et continue à vivre sa vie pour elle.

Dans la trentaine, une de ses élèves, du nom de Chloé s'enitche de lui et décide que cet homme sera son futur mari. Sa personnalité dominante et contrôlante s'apparente drôlement à celle de la mère de Christophe. Celui-ci éprouve une attirance irrésistible pour Chloé. Pour la première fois de sa vie, il décide d'aller à l'encontre des désirs maternels et épouse Chloé. Christophe a inconsciemment intégré le couple de ses parents comme modèle de relation amoureuse. Il a choisi une femme au tempérament semblable à celui de sa mère, et lui a toujours adopté un comportement d'obéissance aux désirs de sa mère, comme son père le fait depuis toujours. Les rôles dans le couple de Christophe imitent donc ceux de ses parents. Chloé a besoin de dominer et de se faire gâter, elle ne considère pas les tâches ménagères comme faisant partie de ses responsabilités.

Elle doit travailler à l'extérieur pour maintenir un train de vie répondant à ses grands besoins matériels, mais si elle avait le choix, elle ne travaillerait tout simplement pas. Quand elle revient à la maison, elle est trop épuisée pour s'occuper de quoi que ce soit. Christophe doit donc assumer seul la responsabilité de cuisiner, ramasser après le repas, faire le ménage de la maison et s'occuper des réparations nécessaires, et ce, en plus de sa carrière universitaire. En plus de répondre aux exigences professionnelles de sa fonction, il a maintenant deux femmes à contenter, sa mère et sa femme. Et aucune d'entre elles n'est attentive à lui, à ses désirs et à ses besoins.

Chloé éprouve pour Christophe un amour passionné. Elle ne pourrait pas vivre sans lui et ressent une réciprocité sans équivoque. Par contre, le discours de Chloé avec son mari est très directif et contrôlant. Lorsqu'ils sont tous les deux à la maison, elle lui demande sans cesse de faire des choses pour elle tout en demeurant à ses côtés. Elle ne peut tolérer qu'ils ne soient pas dans la même pièce, qu'ils ne partagent pas les mêmes activités. Christophe doit donc planifier son horaire de manière à ne pas avoir à apporter de travail à la maison. Chloé étant beaucoup plus jeune que lui et ayant grandi dans un milieu très permissif, où la discipline était pratiquement absente, elle n'a pas la même maturité émotionnelle. Christophe doit répondre à ses demandes au moment précis où elles sont émises. Elle ne peut tolérer d'attendre pour obtenir satisfaction.

Les choses empirent à l'arrivée du premier enfant. Chloé décide de tout ce qui concerne l'éducation de leur fils quand ça fait son affaire. Si elle est trop fatiguée pour faire la discipline, c'est Christophe qui doit compenser, sinon l'enfant fera ce qui lui plaît. Cet ajout de tâches et de responsabilités conduit Christophe au bord du gouffre. Il devient de plus en plus anxieux, le stress additionnel lui causant beaucoup de difficultés au travail. Dans la quarantaine, Christophe n'en peut plus. Il sent constamment son cœur palpiter, que ce soit à l'université, à la maison, avec ses parents ; il ne se sent bien nulle part. Pour tout le travail qu'il accomplit, il n'obtient aucune reconnaissance. Au contraire, à la maison, on lui reproche ce qu'il n'a pas réussi à faire et à l'université sa mère ne relâche pas la pression, en lui reprochant son manque de publications dans les revues spécialisées. La présence de son père se fait de moins en moins sentir. Il s'est principalement retiré dans son monde intérieur. Christophe se rend compte qu'il n'a jamais rien choisi pour lui-même. Il n'est pas heureux dans son mariage, dans sa carrière, avec ses parents. Dans le fond, il ne sait pas qui il est vraiment. Mais il ne veut plus être cet homme de 45 ans malmené de toutes parts, ne recevant pas beaucoup de satisfaction de l'existence, accomplissant les gestes de tous les jours sans passion comme un automate. Il décide de tout lâcher : son couple, son travail, ses appels quotidiens à sa mère. La coupure est radicale. Il prend une année sabbatique et loue une propriété campagnarde. Son but : découvrir qui il est, pourquoi il existe, quelle est la mission de sa vie. Il remet ainsi tout en question, à l'exception de son rôle de père. Il fait les arrangements nécessaires pour maintenir son rôle dans la vie de son fils. Il veut établir un lien profond et fort avec lui, un lien qui sera à son image et non dicté par les autres.

Cette prise de conscience est très difficile à assumer par son entourage qui l'avait toujours tenu pour acquis, qui n'avait jamais fait les efforts nécessaires pour le reconnaître en tant que personne distincte avec ses désirs et ses besoins particuliers. Aux yeux de sa femme, il est soudainement devenu fou. Elle ne comprend absolument pas le changement observé chez son mari. Elle était très heureuse dans son couple depuis le début et ne pouvait concevoir que son mari n'était pas heureux. Elle ne s'était jamais questionnée à ce sujet. Il allait de soi que si elle était heureuse, lui devait l'être aussi. Elle a toujours été pareille à elle-même avec lui, alors pourquoi maintenant ça ne marche plus ?

Du côté de sa mère, le choc est encore plus grand. Son petit fils chéri qui a toujours été là pour elle, qu'a-t-elle fait pour mériter un changement de cap aussi draconien? Un enfant naît pour combler les besoins de ses parents, pourquoi n'était-il pas heureux de faire cela pour elle?

En plus de travailler sur lui-même dans le but de découvrir qui il est vraiment et faire face à ses problèmes de dépendance, Christophe doit également composer avec les réactions extérieures d'incompréhension et les forces d'inertie tentant de le garder dans le même état d'esprit qu'avant. Amorcer un processus de changement ne se fait pas dans un univers parallèle, mais bien avec ou en dépit de l'entourage proche. Tant que la mère et la femme de Christophe ne lui manifesteront pas un minimum d'acceptation et de compréhension, le mieux pour lui sera de garder le plus possible ses distances avec ces influences néfastes. Un jour, les liens pourront peut-être se renouer sur des bases plus saines et plus solides.

Sarah

La vie amoureuse de Sarah est une suite ininterrompue de relations, les unes après les autres, comportant les occasionnels chevauchements. Sarah est absolument incapable de vivre sans amoureux. Elle se sent entièrement abandonnée, incomplète et estime que la vie ne vaut pas la peine d'être vécue lorsqu'elle vit seule ou qu'un probable célibat s'annonce à la fin d'une relation. Dans son milieu familial, le paraître est plus important que l'être. Ses parents n'ont pas divorcé malgré une mésentente évidente et des vies somme toute parallèles plutôt que partagées. Il fallait préserver les apparences coûte que coûte.

Elle ne sait pas trop ce qu'elle veut faire de sa vie. Elle change souvent d'emploi et butine autant dans sa vie professionnelle que dans sa vie amoureuse. Jusqu'au jour où, dans une soirée entre filles, elle rencontre Joël et tombe enceinte très rapidement. Les deux tourtereaux décident de garder le bébé et de vivre ensemble. En fait, la surprise passée, Sarah considère que c'est ce qu'il lui est arrivé de mieux dans son existence. Elle a maintenant une motivation : vivre pour son nouveau bébé avec son conjoint. Elle retombe enceinte l'année suivante et donne naissance à deux belles filles.

La vie à deux avec Joël est composée d'une alternance de moments exaltants et de souffrance profonde. Les deux amoureux sont des gens impulsifs qui vivent constamment dans leurs émotions. Ils sont tous les deux égocentriques et ils ont de la difficulté à comprendre que l'autre puisse avoir un point de vue différent du leur. Lors de leur rencontre, Joël avait fait rire Sarah aux éclats une bonne partie de la soirée. Il était léger, parlait de tout et de rien, semblait posséder une grande culture et avoir beaucoup voyagé. En fait, il s'agissait des conclusions de Sarah après avoir analysé certains aspects du discours de Joël. Il paraissait venir d'un milieu de vie privilégié et semblait à l'aise en société. Toutes ces caractéristiques sont importantes pour Sarah ; elles font partie de ce qu'elle considère comme essentiel au couple idéal qu'elle veut former. Mais à la base, Joël est un être anxieux qui connaît des phases d'inertie où tout lui apparaît noir et désespérant qui s'alternent de phases où tout devient possible.

L'écart entre l'illusion perçue initialement par Sarah et la réalité est très grand. Cette dernière s'accroche à son illusion en croyant intensément qu'elle correspond à la réalité. Des conflits en découlent, où chacun des partenaires se braque et campe sur ses positions. Les échanges deviennent une série de monologues où chacun émet un message sans que l'autre le reçoive. De l'extérieur, le couple a l'air de bien aller, mais la réalité est tout autre.

En fait, ils se séparent à répétition. Lorsqu'ils n'en peuvent plus des conflits et des déceptions dans la manière d'être de l'autre, ils se quittent et sont convaincus qu'il s'agit d'une séparation définitive cette fois-là. Comme ils ne veulent pas se faire juger par leur entourage, ils gardent la séparation secrète pendant un temps. L'éloignement provoque la réapparition de la souffrance chez Sarah et ravive l'illusion initiale associée à Joël. Dans le fond, elle aime cet homme de tout son cœur. Pourquoi ne sont-ils pas ensemble ? Pourquoi lui faut-il vivre toute cette souffrance puisqu'elle a déjà à portée de main un homme répondant à ses critères ? Elle décide donc de reprendre avec Joël, croyant encore plus fort qu'il correspond vraiment à l'image qu'elle se fait de lui. Cela se passe bien au début, mais au bout d'un moment les vieux conflits réapparaissent, car rien n'a été réglé ; l'illusion ne correspond toujours pas à la réalité. L'écart entre l'illusion et la réalité est toujours aussi considérable. Sarah ne comprend pas pourquoi Joël ne l'entend pas et ne change pas en conséquence. Mais ce que Joël lui demande de changer représente pour elle un défi tout à fait impossible à relever. Leur relation se joue continuellement dans la dynamique « approche-évitement ». L'éloignement rend l'illusion irrésistible ; on ne voit plus que les bons côtés de la relation perdue ; tout ce que l'on désire, c'est la retrouver. La vie à deux s'avère conflictuelle ; on n'éprouve que de la frustration, du ressentiment envers l'autre, son attitude et ses comportements ; on veut s'en éloigner à tout prix. Cette dynamique relationnelle se poursuivra tant que les partenaires se borneront à tenter de résoudre les conflits apparents (symptômes) au lieu d'aller à la source de leurs problèmes personnels et de couple.

Anne

Anne est née de parents à peine sortis de l'adolescence. Leur vie commune n'a pas duré. À son premier anniversaire, Anne vivait déjà la séparation de ses parents. Ces derniers n'étaient absolument pas prêts à relever les défis posés par la naissance et l'éducation d'un enfant. À partir de trois ans, Anne fut ballottée pour des périodes de quelques mois, d'un appartement à l'autre, car aucun des parents ne voulaient en avoir la responsabilité. Les deux parents souffraient également de dépendance aux drogues et à l'alcool. C'est donc dire que lorsqu'ils étaient là physiquement, ils ne l'étaient pas nécessairement psychologiquement.

Anne s'est débrouillée du mieux qu'elle a pu, se renfermant sur elle-même et tentant de répondre à ses besoins sans l'aide de personne. En vivant autant d'abandon et de rejet, elle n'a pas pu développer une bonne estime d'elle-même ni réussir à se faire confiance d'abord et à faire confiance aux autres ensuite. Elle est partie tôt de la maison et a trouvé un emploi ne nécessitant pas beaucoup d'études et de formation. Le travail est répétitif et peu stimulant, mais les employés de l'usine qui l'emploie sont syndiqués et elle a une bonne sécurité d'emploi. Les premières années de sa vie d'adulte se déroulent dans un grand isolement ; elle a peu d'amis et ne fréquente pas vraiment sa famille qui ne veut pas nécessairement maintenir de lien avec elle. Elle est en mode survie. Pour l'instant elle est juste contente de pouvoir se débrouiller seule, sans ressentir constamment le rejet parental.

Dans la vingtaine, elle fait la connaissance d'Alexis, un homme de dix ans son aîné. C'est une rencontre significative dans sa vie. Elle se sent bien à ses côtés, elle se sent acceptée sans condition. Anne sent qu'Alexis se préoccupe de son bien-être. Elle éprouve pour lui une forte passion. Ils emménagent ensemble dans le mois qui suit et vivent des premières années assez satisfaisantes. Si dans l'ensemble, la relation se passe bien, cependant, on peut observer, dès les premiers mois, des crises de colère de la part d'Anne quand elle est contrariée par les aléas de la vie et que les choses ne se déroulent pas exactement comme elle le désirerait. Dans ces moments, rien ne peut la raisonner. Elle se fâche, se plaint, blâme tout le monde autour d'elle et n'assume aucune responsabilité des circonstances négatives de sa vie. Pour elle, c'est à Alexis de faire quelque chose, de la délivrer du problème, car il est toujours plus ou moins responsable de ce qui lui arrive. Alexis est très patient avec elle, il essaie de résoudre le problème du moment sans même reprocher à Anne ses sautes d'humeur et son impatience. Une fois la crise passée, Anne s'excuse à profusion et promet à Alexis de ne plus perdre patience ainsi à l'avenir.

Après quelques années de vie commune, les crises d'Anne sont de plus en plus fréquentes. Elle n'arrive pas à vivre sainement ses émotions et a de la difficulté à faire face aux pressions normales de la vie quotidienne. Par conséquent, Alexis devient responsable de la maisonnée et de toutes les décisions qui concernent le couple. Il doit s'occuper des repas, du ménage, du budget, des réparations, etc. Anne devient peu à peu semblable à une enfant avec Alexis. Elle se plaint constamment de sa vie, du fait qu'ils ne peuvent jamais se permettre ce dont elle a toujours eu envie. Elle développe une passion pour la peinture et estime que c'est seulement en pratiquant son art qu'elle ressent de la joie, qu'elle se sent vivante. À force de subir ses plaintes incessantes, Alexis contracte un prêt pour la location d'un atelier et pour le matériel de peinture dont Anne a besoin, ce qui met encore plus de pression sur les finances du couple qui sont déjà très précaires (les cartes de crédit sont au maximum, ils vivent de paye en paye). Anne n'apprécie pas son travail et s'y sent prisonnière. Toutefois, elle ne tente pas de remédier à la situation en tâchant d'obtenir un emploi qui lui conviendrait mieux. Il lui manque la confiance en soi et l'estime personnelle pour se sentir capable d'entreprendre de telles démarches. Au fond d'elle-même, elle en veut à Alexis de devoir travailler. Elle estime qu'elle ne devrait pas travailler et ainsi se consacrer à ses projets personnels à temps plein. Elle se sent étouffée par le manque de flexibilité et de liberté dû au peu de moyens financiers. Le couple ne peut évidemment pas se permettre de vivre seulement avec le salaire d'Alexis.

En fait, Anne voit en Alexis le père qu'elle n'a pas eu. Cette image paternelle accolée à Alexis engendre beaucoup d'attentes et de besoins non comblés dans sa petite enfance et son adolescence. Alexis devient responsable de sa situation présente, et est donc la cible toute désignée pour corriger tout ce qui ne va pas. Au quotidien, Anne éprouve beaucoup de rancœur, de frustration et de ressentiment. Malgré tous ses efforts, Alexis n'arrive pas à satisfaire les besoins d'Anne sur une longue période de temps. Il ne pense même pas à ses propres besoins. Il ressent beaucoup de honte et d'humiliation devant son incapacité à rendre le quotidien du couple agréable. Il se sent souvent comme le porteur de mauvaises nouvelles et ne communique pas tout à Anne de peur de subir une autre crise de colère et d'insatisfaction. Il prend donc sur lui de trouver des solutions qui, le plus souvent, détériorent un peu plus la situation financière du couple étant donné qu'il ne veut pas avoir à dire non à Anne.

Les responsabilités dans le couple sont très disproportionnées. Anne exige et se plaint, tandis qu'Alexis tente de solutionner et subit la pression. Il est établi qu'il doit tout prendre en charge. Cette hyper-responsabilisation n'est jamais remise en question car Alexis a besoin de se sentir utile et aime son rôle de protecteur. Et Anne a besoin que quelqu'un s'occupe d'elle. Les partenaires éprouvent beaucoup de difficulté à communiquer. Anne est dans son monde, constamment aux prises avec de fortes émotions négatives de frustration et d'insatisfaction. Elle exige de plus en plus de liberté pour pouvoir éprouver du bonheur. Dans les faits, les deux partenaires ne vivent plus une relation amoureuse, mais une relation de colocataires ou de parent-enfant. Anne est constamment à l'extérieur, occupée à peindre ses toiles et à chercher de l'inspiration. Quand ils sont invités dans la famille d'Alexis, elle s'y rend à rebrousse-poil, elle bougonne tout au long et ne participe pas aux activités familiales (elle n'a jamais connu cela et ne sait pas comment agir dans ce contexte étrange pour elle). Elle endure l'activité jusqu'à ce qu'elle finisse et montre bien à Alexis et à sa famille que c'est un gros effort d'être là. Dans ces moments, elle qualifie Alexis d'égocentrique, d'homme qui ne pense qu'à lui et qui l'empêche d'exercer sa passion.

L'entourage d'Alexis se préoccupe beaucoup de lui. Ce n'est pas facile pour eux de le voir subir une relation aussi peu gratifiante, une relation qui ne le respecte pas dans ses besoins et qui lui fait vivre une pression supplémentaire considérable. Mais ce dernier trouve toujours des excuses au comportement d'Anne et valorise la moindre attitude un tant soit peu positive. Ses exigences, envers elle diminuent de plus en plus. Si elle ne bougonne pas un soir ou si elle le laisse en paix, il trouve que ça va bien. Si elle revient rapidement à une attitude normale et s'excuse encore une fois après avoir fait une crise de colère, il est content d'accepter ses excuses et se concentre sur cet aspect des événements. Pour lui, prendre soin d'Anne le satisfait, répond à ses besoins. Il ne souhaite pas du tout changer la dynamique de leur couple.

De son côté, Anne apprécie Alexis. Inconsciemment, elle sait qu'il lui apporte beaucoup. Cependant, la souffrance issue de son enfance est encore tellement vive qu'elle ne peut faire autrement que d'être constamment tournée vers ses propres besoins. De son point de vue, elle subit les affres du manque et du vide. Il lui faut donc trouver une manière de le combler; c'est tout ce qui occupe son esprit. Sa peinture est une piste de solution, elle l'aide à acquérir peu à peu une certaine satisfaction intérieure. Elle en retire de la fierté.

Cependant, ce qu'elle démontre dans son attitude, son discours et son comportement est qu'elle n'est pas prête à se responsabiliser à l'égard de sa vie et de ses choix. Elle agit comme un nourrisson qui exige tout ce qu'il veut sans passer aux actes pour résoudre ses problèmes. Elle se perçoit encore comme une perpétuelle victime. Le rejet et l'indifférence qu'elle a vécus en grandissant ont été tellement néfastes qu'elle n'a pas réussi à en surmonter les effets. Elle est encore au stade de chercher des coupables pour les blâmer. Son travail routinier et peu stressant devient dans son esprit une tâche demandant un immense effort, car le gros de son énergie est dirigé ailleurs, vers le soulagement de sa souffrance. Pour préserver le peu d'estime de soi qu'elle possède, elle est intentionnellement aveugle aux efforts déployés par Alexis pour lui offrir soutien, réconfort et affection. Elle minimise ce qu'il lui apporte et maximise les obstacles auxquels elle fait face, sinon la culpabilité de constater un tel déséquilibre serait trop considérable. Dans ce contexte, malgré les plaintes émises et les reproches incessants, elle ne désire pas entamer un processus de rupture du couple. Inconsciemment, elle sait qu'Alexis lui est précieux et elle ne peut se permettre de les perdre, lui et son couple. Elle vit la phase de l'adolescente en révolte contre ses parents, mais pas encore assez autonome pour quitter le nid familial.

Émile

Émile est un conteur-né. Il a toujours plein d'anecdotes à raconter et aime se retrouver au centre de l'attention. Ayant un emploi saisonnier, il voyage souvent pour exécuter des contrats. Il doit donc s'adapter rapidement à de nouvelles personnes et à de nouveaux environnements, ce qu'il réussit à faire sans peine, puisqu'il est très sociable. Il vient d'un milieu familial où la force impose le respect. Ses parents n'étaient pas très affectueux entre eux, et les démonstrations de « faiblesse », comme pleurer ou parler de ses émotions, n'étaient pas tolérées. On se faisait respecter par des gestes de colère et des éclats de voix. N'étant ni très grand ni très gros à l'adolescence, Émile utilise l'humour pour désamorcer les situations problématiques, et il lève des poids régulièrement pour augmenter sa masse musculaire et, au moins, paraître plus fort.

Être seul est un état très pénible pour Émile. Il souffre énormément s'il n'est pas entouré, s'il n'est pas en relation amoureuse. Pour éviter cette douleur, il a une partenaire amoureuse à chaque lieu où son travail le conduit. Peu importe où il va, il y a donc quelqu'un qui l'attend. Bien entendu, les partenaires d'Émile ne sont pas au courant de sa stratégie pour éviter la solitude à tout prix. Chacune se croit l'unique cible de l'attention amoureuse d'Émile. Il lui dit très rapidement qu'il l'aime, qu'elle est la femme de sa vie. Afin que le plan fonctionne selon les besoins d'Émile, la relation doit durer dans le temps, et pour y arriver, il utilise le contrôle et la projection. Les critères de choix de ses femmes sont très précis. Ce sont des femmes qui ont peu d'estime d'elles-mêmes, qui ne se respectent pas et qui ont également besoin de se sentir aimées.

En fait, Émile se raconte des histoires et devient son meilleur public. Lorsqu'il change de ville, il change de vie. Il mène plusieurs vies en parallèle, qui sont toutes authentiques pour lui. Il déploie un trésor d'imagination pour construire un univers unique à chaque relation et pour poser les gestes propres à chaque amoureuse. Il agit de la sorte pour faire durer la relation et pour combler les absences et rendez-vous manqués à cause d'une autre vie parallèle. En fin manipulateur, Émile est très observateur. Il est habitué à chercher immédiatement la faille dans chaque individu qu'il rencontre. C'est ce qui l'a mieux servi en grandissant dans un milieu violent où le plus fort règne. Si l'on connaît la faiblesse du plus fort, on subit moins son joug. Il connaît bien ces femmes avec qui il partage des relations, malgré le fait qu'il n'est pas vraiment amoureux d'elles (il croit les aimer, mais en réalité, il ne s'aime pas lui-même ; par conséquent, il lui est impossible d'aimer une autre personne). Il les a suffisamment observées pour déterminer exactement comment obtenir d'elles ce qu'il désire.

La vie d'Émile est pleine de rebondissements. Il dépense énormément d'énergie à faire croire à chaque femme qu'elle lui est unique, à mentir sur ses déplacements et à expliquer ses promesses non tenues. Comme il n'est pas honnête avec lui-même ni avec les femmes qu'il côtoie, et qu'il exige d'elles une confiance absolue dans son discours, ses justifications pour ne pas avoir fait ce qu'il avait promis ou ne pas avoir été là lorsqu'il le devait deviennent parfois abracadabrantes. Il ne répond pas de façon simple aux questions posées; tout est assurément entouré de mystère et d'ambiguïté. Ses explications sont toujours prêtes. S'il se fait prendre en flagrant délit de mensonge, il déguisera ce dernier en autre chose. Les événements les plus improbables surviennent dans la vie d'Émile à une fréquence très élevée. Il s'indigne si l'on émet des doutes au sujet de ce qui lui arrive. Aux oreilles externes, ses justifications ne seraient aucunement crédibles, mais il adapte son discours à chacune de ses partenaires pour maintenir la charade le plus longtemps possible. Il ne quittera jamais de lui-même une relation amoureuse tant qu'il profitera de cette dernière. Si on lui donne accès à un endroit où dormir, à une adresse, si on lui procure compréhension, affection et soutien, il ne voudra pas que cette situation cesse.

Ce sera malheureusement à chacune de ses femmes de suivre l'instinct qui lui fait douter de la relation, puis de la rompre. À elle d'être attentive aux petits signes qui lui font dire: «Hum! ça, c'est surprenant.» Il lui faudra trouver le courage, la force et le détachement de ne pas réagir à l'attitude possessive et émotive d'Émile. Malheureusement, dans l'état d'esprit où se trouve Émile, il ne se questionne pas sur ses agissements. Parce qu'il croit avoir trouvé la meilleure façon d'éviter la souffrance de vivre seul, ce n'est pas lui qui amorcera un changement vers une relation amoureuse saine. Comme on l'a déjà mentionné au début de ce livre, la confiance est essentielle à la vie à deux, dans un rapport amoureux gratifiant. Si elle n'est pas présente, les probabilités de succès sont négligeables.

Pascal

Après la naissance de Pascal et de son jumeau, Jean, la famille s'agrandit de nouveau avec l'arrivée d'une petite fille, du nom d'Élodie. Cette famille, de classe moyenne, habite dans une banlieue peuplée de plusieurs familles semblables à la leur avec des enfants du même âge. L'hiver, des parties de hockey dans la rue s'organisent ainsi que des constructions de forts dans la neige. L'été, il y a beaucoup de baignades, de jeux de cachette et de parcours à vélo. À l'été des huit ans des jumeaux, un drame survient. En jouant au ballon en groupe dans la piscine du voisin, Jean se cogne la tête sur le ciment et tombe inconscient au fond de la piscine. Les secours arrivent trop tard, ils ne peuvent que constater le décès du frère de Pascal.

Évidemment, ce drame a eu des répercussions dans la vie familiale. Même à l'âge adulte, Pascal ne s'est toujours pas remis de cette perte subite. Sa vie change complètement à partir de ce moment-là. Avec la disparition d'un de leurs enfants, les parents n'ont pas été en mesure d'accorder l'attention et l'affection nécessaires aux deux autres enfants. Ils vivent une longue période de deuil où ils sont enfermés dans leur douleur, imperméables à tout ce qui les entoure. Au final, Pascal ressent une forte culpabilité par rapport à la mort de son frère. Au début, il aurait préféré mourir à la place de son jumeau. Ensuite, il se persuade qu'il ne mérite pas d'avoir le droit de vivre, qu'il est un imposteur à l'intérieur de sa propre vie. Il se sent responsable de sa petite sœur. Il essaie de se faire le plus petit possible pour ne pas encombrer plus ses parents aux prises avec les douleurs de la perte. Il doit apprendre à vivre avec cette perte, avec ce gros morceau manquant dans sa vie.

Au fur et à mesure que le temps passe, Pascal se renferme de plus en plus sur lui-même. Il perd confiance en ses moyens et développe peu d'estime de lui-même. Le garçon intelligent et plein de potentiel fait place à un adulte qui se réfugie dans l'alcool et les drogues pour endormir sa douleur. Après quelques mois à l'université, il laisse tomber. Il se retrouve ensuite sur l'aide sociale. Jusqu'au jour où il s'inscrit à un programme de formation professionnelle et devient plombier. Il travaille alors pour la compagnie de son oncle et entreprend une carrière où la sécurité d'emploi est très élevée. Son environnement de travail routinier lui permet de bien fonctionner malgré sa dépendance à l'alcool et aux drogues. Il parvient à ne consommer qu'en dehors des heures de travail.

Côté cœur, Pascal n'est jamais célibataire longtemps. Dès qu'une relation amoureuse se termine, il part à la recherche de la prochaine. À première vue, il possède un charme indéniable, il a un bon emploi et une bonne curiosité intellectuelle. Il a donc beaucoup de succès auprès des femmes. Cependant, au fur et à mesure que la relation se développe, les problèmes ne tardent pas à survenir. Il est en couple et habite avec Marie-Hélène depuis cinq ans. Ils ne sont pas mariés. Ils n'ont pas d'enfants et n'essaient pas d'en avoir. Marie-Hélène est secrétaire dans un bureau d'avocats. Elle souffre également de dépendance affective. Ses parents ont divorcé lorsqu'elle était enfant et ils n'ont pas été très présents dans sa vie. Elle ne peut imaginer vivre sa vie sans la présence de Pascal à ses côtés.

La dynamique relationnelle entre les deux partenaires est dysfonctionnelle. La consommation excessive de drogues et d'alcool a peu à peu affecté l'état d'esprit de Pascal. Sa conception de la vie est très pessimiste. Il rumine constamment de sombres pensées associées à l'avenir. Il est devenu absolument intolérant au moindre changement à sa routine. Il a adopté un comportement défensif, car il se sent invariablement attaqué de toutes parts. Il ne fait donc confiance à personne, ce qui l'amène à s'isoler de plus en plus. Marie-Hélène est sa bouée de sauvetage. Elle est la seule qu'il désire avoir à ses côtés, même s'il ne lui fait pas entièrement confiance. Il a besoin qu'elle soit là, qu'elle ne pratique pas d'activités personnelles. La grande majorité du temps, il ne veut faire aucune activité, seulement boire et fumer et ressasser ses vieilles histoires. Il est bloqué émotionnellement à l'époque de sa vie où il a été heureux.

Dans une situation donnée, il prêtera les pires intentions à sa partenaire, n'interprétant jamais son attitude, ses gestes ou son discours comme une marque d'attention ou d'affection, mais plutôt comme une attaque. Les sujets qui ne comportent pas de charges émotives, qui sont neutres dans leur dynamique relationnelle, sont limités. Marie-Hélène doit donc continuellement veiller à bien choisir ses mots, le ton de sa voix, le moment approprié pour annoncer une nouvelle à Pascal, afin d'éviter les réactions négatives. Elle doit aussi dépenser beaucoup d'énergie à rassurer son conjoint, à aplanir les difficultés qu'il éprouve dans la vie de tous les jours. Si elle a besoin de son soutien à son tour, non seulement il n'est pas là pour elle, mais il ajoute du stress et de la pression aux situations vécues. Il aura tendance à la blâmer, à tenter de la rabaisser si elle se trouve en mauvaise posture. Selon lui, elle a fait quelque chose pour provoquer cette mauvaise situation; elle ne l'a pas écouté, il savait que cette conséquence surviendrait. Bref, si Marie-Hélène a besoin d'un peu de soulagement ou de compréhension, elle doit aller les chercher en dehors de sa relation amoureuse. Sinon, elle doit se débrouiller avec la problématique et le stress additionnel de la réaction de Pascal. Dans le fond, Pascal n'est tout simplement pas apte à vivre des situations le moindrement stressantes. Sans relâche, il est envahi par ses peurs paralysantes et sa douleur due au manque. Toutes ses énergies sont déployées pour lui assurer un minimum de sentiment de sécurité. Dépassé ce stade, il n'a tout simplement pas les capacités nécessaires pour affronter les événements un tant soit peu anxiogènes.

Le pire aspect de cette dynamique est l'inconscience des participants. Pascal ne se perçoit aucunement comme une personne dépendante aux substances ou à Marie-Hélène. Dans le cas des substances, il répète souvent qu'il peut arrêter de consommer n'importe quand, que dans le fond ce n'est qu'un passe-temps et qu'il est complètement fonctionnel. Il ne se rend pas compte que sa consommation entraîne de nombreux effets secondaires qui affectent sa personnalité et sa conception de la vie. Il est emprisonné par ses habitudes, mais ne distingue aucunement les parois de sa prison. Pour lui, la vie est difficile, tout le monde essaie de profiter de l'autre, les projets sont automatiquement voués à l'échec, les institutions cachent l'essentiel à la population, la corruption est endémique et l'humanité se dirige tout droit vers la catastrophe. Il se croit réaliste dans sa vision des choses ; il pense en fait qu'il est plus intelligent que les autres et que lui seul sait voir tous les pièges de la société. S'il cessait sa consommation de drogues et d'alcool, sa perspective pourrait probablement devenir un peu plus réaliste, un peu moins négative et moins paranoïaque.

Du côté de sa relation amoureuse, il menace sans arrêt Marie-Hélène de la possibilité d'une rupture. Si elle n'est pas contente, elle n'a qu'à le quitter. Il se voit comme quelqu'un de très autonome, qui n'aura aucune difficulté à s'adapter aux changements de la vie de célibataire. Les menaces sous-entendues dans le discours de Pascal sont très anxiogènes pour Marie-Hélène, car elle ne les met pas en doute. Dès qu'il est question de rupture, Marie-Hélène modifie son discours, son attitude et ses gestes pour bien montrer à Pascal qu'elle désire plus que tout demeurer en relation amoureuse avec lui. Une discussion débutant, par exemple, par des reproches de Marie-Hélène envers Pascal sur le fait qu'il n'a encore rien fait pour réparer le luminaire du salon, brisé depuis des mois, pourrait très bien se terminer par Marie-Hélène qui doit se défendre d'une série de reproches de Pascal. Ce dernier refusant tout blâme, il argumentera pour le temps passé sans faire la réparation et se tournera vers Marie-Hélène pour lui reprocher sa mauvaise foi et sa mauvaise humeur et lui dire que si ça ne fait pas son affaire elle n'a qu'à partir, qu'il sera très bien sans elle. La réponse typique de cette dernière sera de le réconforter dans son amour pour lui et dans son désir de demeurer à ses côtés, la réparation de la lampe étant totalement disparue de la discussion pour ne plus y revenir.

Chapitre 5
À la recherche de sa vérité

Nous allons maintenant aborder des aspects plus positifs ou constructifs concernant le phénomène de la dépendance affective : comment mieux la gérer en allant à la rencontre de soi. Tel que je le mentionnais dans l'introduction de ce livre, entamer un travail sur soi avec un thérapeute certifié est la première recommandation à suivre. Avoir un professionnel objectif à ses côtés pour nous aider à y voir plus clair dans notre vie est aussi louable que de payer les honoraires d'un plombier lorsque nos tuyaux sont bouchés. Si vous croyez que votre entourage pourrait réagir négativement à l'amorce de ce processus, ne leur en parlez tout simplement pas. C'est un travail qui vous concerne personnellement, de toute façon. Les plus grands préjugés auxquels les gens font le plus souvent face sont les leurs. Ils éprouvent beaucoup de difficulté à accepter le fait qu'ils ne peuvent régler la situation par leurs propres moyens. Il en va ainsi pour la forte réticence à prendre de la médication pour soigner des problèmes liés à sa santé mentale ; on a tendance à porter un jugement négatif sur soi-même. Une fois cette résistance personnelle surmontée, les gens se sentent généralement beaucoup mieux. Ceci dit, il faut faire attention aux abus comme dans toute chose. La médication ne représente pas la première et seule solution.

Cette deuxième partie offrira donc des pistes de solution, des conseils pour atténuer les conséquences négatives de la dépendance affective sur son quotidien. Entamer la recherche de sa vérité représente une étape essentielle dans le processus permettant de vivre une existence plus satisfaisante, plus authentique et comportant plus de moments de joie et de bonheur. Nous aborderons d'abord la prise de conscience de soi et de ses émotions, puis les mécanismes de survie développés à la tendre enfance et qui sont maintenant plus ou moins conscients chez l'adulte. Nous exposerons ensuite des moyens pour remettre nos croyances en question, avant de terminer cette section par la notion de la vie spirituelle, un élément crucial du développement de soi qui peut nous apporter sérénité et réconfort. La vie spirituelle n'est pas explorée ici sous l'aspect religieux, mais plutôt dans une perspective plus philosophique, plus personnelle à chacun.

Se connaître soi-même

Le premier conseil que j'ai à offrir à ceux qui se sont reconnus dans les différentes caractéristiques de la dépendance affective ou dans les situations mises de l'avant est de se ménager un temps destiné exclusivement à soi tous les jours. Si on désire vivre une vie plus sereine, plus satisfaisante et comportant globalement plus de bonheur, on doit ultimement aller à l'intérieur de soi pour s'observer, pour mieux se comprendre, afin de pouvoir reprendre le contrôle de sa vie. Aller à la source de notre être pour ensuite vivre en concordance avec notre essence profonde. Je sais bien qu'aller à la rencontre de soi peut sembler terrifiant à quelqu'un qui a essayé de s'éviter toute sa vie ; c'est un conseil qui va certainement à l'encontre de la tendance de la personne en dépendance affective. Albert Einstein[16] a dit que : « la folie, c'est de faire toujours la même chose et de s'attendre à un résultat différent ». Toute cette deuxième par-

---

16. Célèbre physicien théoricien du XXᵉ siècle.

tie abordera des façons de faire autres que celles du passé pour obtenir un résultat différent dans le présent. Les changements ne se produisent pas tout d'un coup; c'est un long processus fait de petits succès, de grandes victoires et d'échecs temporaires si on persévère. Pendant toute cette transformation, il faut se traiter comme on traite ceux que l'on aime le plus au monde : avec amour, compréhension, acceptation et, plus que tout, en se pardonnant les erreurs passées et celles à venir.

Pour avoir traversé des périodes de grands changements et de transformations personnelles, je peux dire que la première chose à faire est d'essayer de « ralentir » la vie. Lorsqu'on traverse de telles périodes, les émotions sont intenses et envahissantes; notre vision du passé et de l'avenir s'inscrit en gros traits noirs et blancs. On n'a jamais été heureux et on ne le sera jamais. On a échoué dans tout ce que l'on a entrepris et on n'a accompli rien de bon. En fait, dans mon cas à tout le moins, disons que les traits blancs ne sont pas très présents dans ces périodes, au contraire des gros traits noirs.

Mettre la vie sur « pause » donc. Essayer d'apporter un peu de sérénité et de calme autour de soi afin d'avoir assez d'énergie et un état d'esprit adéquat pour passer à travers les turbulences. Comme la peur d'aller à sa rencontre est considérable, il nous faut trouver des moyens de l'amadouer. En fait, les principaux obstacles à la prise de conscience sont notre ego combiné à notre peur de ce que l'on va découvrir. L'ego, dans la société individualiste d'aujourd'hui, prend de plus en plus d'importance dans notre vie et dans les choix que l'on fait. La compétition et la performance représentent des valeurs profondément ancrées en nous. En grandissant en Amérique du Nord, on sent rapidement la pression de la réussite. Les tendances à l'entraide, au travail communautaire, aux projets communs ne sont pas aussi naturelles. Pourtant, participer à des projets ou à des mouvements plus grands que soi apporte en général une grande satisfaction, permet de relativiser notre situation et augmente notre sentiment du devoir accompli. On s'efface; notre ego prend moins de place face à la grandeur de l'entreprise.

Les nouvelles technologies flattent également l'ego, en multipliant de façon exponentielle les moyens par lesquels on est en communication avec les autres et les possibilités d'émettre ses opinions et ses insatisfactions. La pression de la réussite s'infiltre encore plus dans la vie personnelle et sociale d'un individu depuis l'apparition des médias sociaux tels Facebook, Twitter, Instagram, Snapchat, etc. La réussite populaire se mesure en nombre d'amis, en nombre de personnes qui suivent nos affichages, en nombre de clics sur «j'aime ça». Certains pratiqueront des activités simplement pour les afficher sur les réseaux sociaux et non simplement pour le bonheur de l'expérience. D'autres s'empresseront d'écrire des commentaires désobligeants sur l'un ou l'autre en profitant du caractère anonyme de certains sites ou en croyant à tort que la communication en ligne «ne compte pas», qu'on peut dire ce que l'on veut sans subir les conséquences habituelles de la communication face à face, que les gens sont en quelque sorte moins blessés par les échanges en ligne, ce qui peut se révéler exact chez certaines personnes ayant grandi toute leur vie avec Internet, mais certainement pas pour les générations précédentes.

L'ego occupe donc une place prépondérante dans notre vie et dans nos rapports à l'autre. Il ne pardonne pas facilement l'échec et nous empêche de prendre des risques, de peur de se tromper. Pour aller à la rencontre de soi-même, il nous faut d'abord avoir le courage d'affronter notre ego et nos peurs. Il nous faut développer une attitude courageuse qui se fera l'amie de l'échec et de la peur. Plus on côtoie quelque chose, moins cela nous effraie. Le même principe s'applique pour la peur de soi. En identifiant les situations et les choses qui nous perturbent et en nous obligeant à les affronter, nous apprivoiserons l'émotion de la peur; elle fera de moins en moins obstacle à notre développement. C'est un processus évolutif; on doit débuter avec de petites peurs, puis y aller en croissant. On finit par s'habituer à cette sensation et à l'apprivoiser.

J'ai vu le film *Jaws* lorsque j'étais trop jeune. Il m'a profondément affectée et m'a transmis une peur disproportionnée des requins. À un tel point que je ne voulais plus me baigner dans l'océan, dans un lac ou même dans une piscine où je ne touchais pas le sol (totalement irrationnelle comme peur, j'en conviens). Lorsque je m'ouvrais les yeux sous l'eau, j'entendais la musique et je «voyais» les prises de vues jaunâtres nous montrant les jambes prêtes à être dévorées. Pour moi qui adore la mer, faire de la voile et les sports nautiques, cette peur est devenue très encombrante. Un jour où j'étais en vacances au bord de la mer, j'ai décidé d'affronter cette peur en me forçant à me baigner tous les jours de plus en plus loin et de plus en plus longtemps. Le résultat de cet exercice est que la peur est toujours présente, mais ne me paralyse plus depuis ce temps; elle ne m'empêche plus de faire les activités nautiques que j'aime.

Si on a tenté de s'éviter toute sa vie, si on a refoulé la plupart de ses émotions au plus profond de soi et si on a passé la majeure partie de sa vie à s'engourdir pour ne pas s'affronter, on devra indéniablement faire face à ces peurs-là pour renverser la tendance. Si on est également dépendant de substances qui engourdissent les sensations, comme l'alcool et les drogues, il sera conseillé de cesser cette consommation afin d'avoir un meilleur accès à soi-même, le travail sur soi et la désintoxication se faisant de pair. En fait, pour mettre toutes les chances de son côté, celui qui entame ce processus devrait éviter le plus possible les comportements anesthésiants qu'il a adoptés au fil du temps.

Pour ma part, j'ai commencé par m'allouer une période de temps fixe quotidiennement, afin de me centrer sur moi-même. Chaque jour, au lever, je médite pendant 30 minutes. C'est un choix personnel et ce n'est peut-être pas la solution pour tout le monde. Dans mon cas, cette pratique m'est très bénéfique; elle me permet d'accéder à un détachement en ce qui concerne mon vécu et me procure le silence nécessaire pour faire le ménage dans mes idées et dans mes perceptions du monde et des événements qui surviennent dans ma vie, en me concentrant sur le moment présent. Cela contrôle ma tendance à anticiper les réactions des autres ou les situations à venir et me permet de relativiser les événements qui surviennent dans ma vie et d'ainsi m'accorder moins de place dans l'équation; je ne me sens plus nécessairement au centre de tout.

La prise de conscience de soi-même, comme nous l'avons déjà dit, est un processus qui ne se termine jamais tout à fait, car on peut découvrir de nouvelles informations sur soi à toutes les étapes de sa vie. Aller à la recherche de la connaissance de soi et découvrir quelle est la mission de son existence est, à mon avis, ce pour quoi nous existons. La vie est semblable à un marathon. Le trajet est aussi important que le fil d'arrivée. C'est le même principe que la lecture, la dernière page n'est pas plus importante que celles du milieu ou du début. Un bon livre se savoure page par page.

Les émotions jouent un grand rôle dans nos vies. On croit que les événements sont positifs ou négatifs en fonction de la manière dont on les vit. Lorsqu'une personne vit de la dépendance affective, elle est envahie par ses émotions et elle tente par tous les moyens d'éviter de les ressentir. Cet évitement est tellement global que la personne, dans la plupart des cas, ne saura pas identifier l'émotion qui la domine ni d'où elle prend sa source. Elle est tout simplement en fuite d'elle-même, en refoulement, en déni de son vécu intérieur. Il faut renverser petit à petit la situation, prendre du temps dans la journée à un moment préétabli pour s'observer, d'abord brièvement, pour s'habituer à être en compagnie de soi-même, ensuite de plus en plus longuement (selon moi, une période d'une demi-heure par jour est la durée optimale à atteindre).

La démarche personnelle est, bien sûr, analytique. On s'observe et on se pose des questions sur notre état d'esprit, nos émotions, sur les événements vécus, et sur notre manière d'être en général et lors de situations stressantes. L'analyse permet de mieux se comprendre et de prendre des décisions plus éclairées. Est-ce que l'on ressent du stress ? Un mal-être ? Quels sont les éléments importants de notre vie ? Quelle est cette émotion qui demande notre attention ? Est-ce de la frustration, de la colère, du dégoût, de la tristesse, de l'envie, de la peur ? Quelles sont les pensées qui génèrent cette émotion ? Est-ce que ces pensées sont justes, correspondent-elles à des faits réels ? Les événements et les conditions de vie n'étant pas en soi négatifs ou positifs, ce sont les pensées et les interprétations que l'on associe aux circonstances de sa vie qui génèrent les émotions ressenties. Nelson Mandela est un exemple exceptionnel de la manière dont les pensées peuvent modifier le vécu du quotidien. Il a été emprisonné par le gouvernement en place pendant 27 ans et se faisait continuellement enlever des privilèges, tellement les autorités avaient peur de lui. Elles ont tout essayé pour restreindre sa liberté, mais ne sont jamais parvenues à enfermer son essence. Il a réussi à garder intactes sa vision de la vie et sa liberté de pensée, malgré les conditions extrêmes d'enfermement dont il souffrait physiquement. L'analyse de ses pensées révélera la prochaine étape à entreprendre, le type de comportement qu'il serait préférable de choisir pour l'avenir. Nous examinerons plus en détail la question des fausses croyances et du discours intérieur dans une prochaine section.

La démarche personnelle ne peut se réduire au volet analytique. Le refoulement des émotions et la durée du refoulement modifient notre perception de ces émotions en y associant encore plus de peur. Plus une émotion est refoulée, plus longtemps cette émotion est refoulée, plus grande sera la peur anticipée de ressentir cette émotion. Vivre une émotion nous en libère, tandis que la refouler nous bloque dans notre cheminement. Un des buts de la démarche personnelle sera donc de surmonter ses peurs afin de faire l'expérience de ses émotions avec ses sens, son corps, ses organes. Il nous faut délaisser la tête et le mental pour vivre ; exister dans l'émotion, accéder au ressenti. Le cérébral a tendance à juger, à critiquer, à neutraliser ; tout ce qui bénéficie à l'analyse. Le ressenti est à l'opposé : on expérimente tout simplement. Au début, si une souffrance survient, peut-on en faire l'expérience pendant un moment sans se juger, sans en critiquer l'existence ? Se laisser aller à expérimenter notre souffrance est très libérateur.

La souffrance émotionnelle a une fin, elle se termine à un moment donné, contrairement à ce que l'on pourrait croire. Si on lui permet d'exister en nous, d'avoir son heure de gloire, à un certain moment elle disparaîtra ; on en sera libéré. En fonction de la manière dont on aborde nos émotions, celles-ci réagiront de façon opposée. Si notre seul désir est de les éviter, elles nous poursuivent jusqu'à ce qu'elles captent notre attention et sont très persévérantes dans leur quête. Si, au contraire, on leur accorde le temps qu'elles requièrent, elles disparaîtront une fois le ressenti terminé. Cette rencontre quotidienne avec soi-même permet aux émotions du moment d'être vécues et ensuite évacuées. Aux autres moments de la journée, développer l'habitude de faire un effort conscient à se laisser aller à ressentir et à vivre les émotions qui nous submergent est aussi très libérateur. Des situations conjugales personnelles m'ont parfois fait ressentir tellement d'anxiété que je voulais littéralement « sortir de moi ». Jusqu'à ce que je me rende compte que si j'accueillais cette sensation négative en moi et que je vivais pleinement son intensité, donc si j'acceptais ma souffrance, au bout d'un moment, je m'en libérais. Ces moments de souffrance n'étaient jamais aussi terribles que leur anticipation. L'impression de suffocation et d'oppression disparaissait même si les circonstances conjugales ayant déclenchées ces émotions demeuraient inchangées. Je pouvais alors passer à un mode de résolution de conflits, alors qu'avant d'avoir fait l'expérience de mes émotions, cela me paraissait tout à fait impossible.

Nous avons déjà mentionné que la vie au quotidien d'une personne souffrant de dépendance affective se situe sur un continuum de plein et de vide. La personne désirant ne plus ressentir les affres du vide adopte un comportement, une attitude, un discours, visant à remplir ce vide par la présence de l'autre, par des substances ou par des activités. Cette nécessité est au cœur de ses préoccupations au point d'en devenir obsessionnelle, la plupart du temps. La prise de conscience change ce continuum « plein-vide » pour le remplacer par un continuum qui pourrait être qualifié d'« objectif-subjectif ». Pour mieux se connaître, la personne dépendante doit adopter ces deux modes : d'un côté, être dans sa tête et s'observer objectivement et de l'autre, être dans son cœur et vivre ses émotions forcément subjectivement. On ne peut se connaître à fond et cheminer vers un plus grand bien-être sans explorer ces deux pôles à la fois.

Une autre façon d'apprendre à se connaître est de tenir un journal, de noter brièvement les événements de la journée, les émotions ressenties et le discours intérieur associé aux événements et aux émotions du jour. Plus on est honnête avec soi-même, plus utile sera cet outil. Pour favoriser le détachement et l'objectivité, il est bon de relire les pages que l'on a écrites dans les semaines suivantes. Les émotions initiales ne sont plus présentes à l'esprit ; la lecture devient donc plus neutre et peut assurer une meilleure compréhension de soi et de ses mécanismes. Il est important de maintenir l'écriture dans les périodes de grandes turbulences comme dans les journées ordinaires, encore une fois pour maximiser les informations recueillies sur soi.

La clé pour accéder à notre bonheur personnel demeure, pour moi, dans le fait d'être le moins possible dominé par les émotions du moment. Ce qui ne signifie pas d'éviter de vivre ses émotions, au contraire. Lorsqu'on refoule ou évite ses émotions, la peur de ressentir cette émotion est omniprésente. Cette omniprésence exerce une domination sur l'esprit. Être moins dominé par nos émotions du moment signifie plutôt que les événements déterminants de notre vie ne sont pas exclusivement dépendants de la nature et de l'intensité de ces émotions. On veut être en mesure de bénéficier de tous ses moyens dans une situation de résolution de conflit. Lorsque les émotions dominent, elles nous font parfois dire ou faire des choses que l'on regrette ensuite. C'est pourquoi une meilleure attention portée à nos émotions (à l'aide de l'analyse et de l'expérimentation) engendre une meilleure compréhension de celles-ci. Cela permet de qualifier les émotions (de quel genre d'émotion s'agit-il ?), d'identifier leur source (quel est l'événement qui les a déclenchées ?), de les expérimenter, de les ressentir, afin éventuellement de les faire disparaître, éliminant ainsi leur pouvoir de nous dominer. Ce cycle est infini. Les émotions sont comme les pensées qui composent notre discours intérieur ; une fois l'émotion ressentie, elle est à son tour remplacée par une autre et ainsi de suite.

La diminution de l'emprise des émotions sur sa vie est un travail de tous les jours, de toutes les heures. La prise de conscience ne se limite pas à la période de la journée consacrée à l'observation de son intérieur. Le processus est continu. Une autre façon de bien gérer une situation stressante au travail, à la maison ou entre amis est de prendre une pause, de ne pas nécessairement réagir tout de suite à la situation. On a souvent tendance à réagir spontanément aux circonstances de la vie. En réagissant, plutôt qu'en agissant, on se laisse dominer par les événements, par opposition à exercer une certaine influence sur ceux-ci. Ce moment d'arrêt permet de prendre le temps de ressentir l'émotion que la situation a déclenchée en nous, de se poser des questions sur les pensées que l'on a associées *a priori* à la situation. Les pensées qui sont apparues instinctivement et l'interprétation automatique de la situation sont-elles ancrées dans la réalité ou plutôt conséquentes de notre perspective, de notre problématique propre ? Ce temps de réflexion permettra une analyse plus globale de la situation vécue et fera peut-être ressurgir un élément dont on n'avait pas tenu compte dans un premier temps.

Notre partenaire a peut-être perdu patience à notre égard parce qu'il devait faire une présentation devant tous ses collègues de travail et qu'il était submergé de stress. Après la présentation serait probablement un meilleur moment pour lui faire part de ce qui nous a blessé ou déçu dans son attitude envers nous. Les émotions peuvent nous faire dire des choses qu'on regrettera profondément ou nous pousser à poser des gestes déplorables. Les conséquences de réagir automatiquement à une situation donnée lorsqu'on est dominé par les émotions peuvent être catastrophiques autant au travail que dans notre vie personnelle. Il peut sembler ardu de prendre une pause au travail, la pression ressentie peut être très forte et inciter à avoir une réaction immédiate. Notre ego n'aime pas beaucoup qu'on tente de ralentir la situation, que l'on puisse être perçu comme faible parce qu'on n'a pas eu la réplique instantanée. Pourtant, au travail notamment, on apprécie généralement ceux qui savent contrôler leurs émotions.

Un petit truc m'a été fort utile dans les échanges émotifs au travail et à la maison, surtout dans les cas où l'autre réagit de façon agressive en envahissant ma bulle : je lève ma main et j'incline légèrement la tête. Cela provoque souvent un choc dans l'échange. L'autre recule et l'effet de surprise cause généralement assez de distraction pour modifier la dynamique de l'échange ; le ton devient soudainement plus posé. Le langage du corps est tout aussi important que les mots que l'on choisit. En accomplissant ce petit geste, je m'assure d'afficher une expression neutre pour ne pas sembler à mon tour agressive et ainsi envenimer la situation. Dans le fond, il y a toutes sortes de manières de créer une pause dans un échange houleux ; il s'agit de trouver celle qui fonctionne pour vous.

Dans la relation amoureuse, ne plus se permettre de dire n'importe quoi sur le coup de l'émotion et prendre un temps pour laisser la poussière retomber modifiera, à la longue, la dynamique relationnelle. La communication entre les partenaires sera plus claire, plus proche des sentiments réels et donc plus efficace. Le message passera plus facilement et sera mieux compris de l'autre. En adoptant une telle discipline, le niveau de respect et de confiance des partenaires l'un envers l'autre augmentera. Un partenaire qui prend l'habitude de faire une pause lorsqu'il est dominé par des émotions négatives sollicitera la réciproque de son conjoint. Il lui dira par exemple : « On se parlera lorsque tu seras assez calme pour participer à une discussion respectueuse. Pour l'instant, je ne désire pas poursuivre la conversation sur ce ton. » Et il quittera la pièce (un peu comme dans le cas d'un parent qui n'en peut plus de son enfant ; on lui conseillera de s'éloigner avant de poser un geste regrettable). Le fait de s'arrêter dans un moment de colère, de frustration ou autre sentiment négatif est en fait une façon de s'affirmer, d'imposer clairement les limites à ne pas franchir. C'est une façon de se respecter soi-même et d'inciter l'autre à nous respecter à son tour.

Prendre un temps d'arrêt dans une situation ou une discussion marque notre esprit. On s'en souvient à la fin de la journée lorsqu'il est temps d'écrire son journal. Cela devient un nouvel outil pour mieux se connaître. On peut ainsi mieux observer les schémas qui nous sont propres, les éléments les plus susceptibles de déclencher en nous des émotions intenses. Lorsqu'on est constamment en mode réactif, les événements de la vie ne s'imprègnent pas en soi autant que lorsqu'on a vraiment conscience de ce qui nous arrive et que l'on prend le temps de choisir consciemment comment agir. Lorsqu'on réagit au lieu d'agir, notre vie nous file un peu entre les doigts ; les événements ne sont pas vécus avec toute la clarté possible ; on se situe dans une version brumeuse de nous-mêmes. C'est un peu comme si on vivait notre vie de façon passive lorsque la plupart de nos contributions sont en mode réaction. Il faut vivre sa vie activement en choisissant en toute conscience l'attitude, les gestes, les comportements, le discours à adopter.

Dans bien des cas, la décision de faire une pause dans des situations et discussions stressantes peut à elle seule permettre d'y voir plus clair et aider à résoudre le différend. Cela nous permet d'offrir une réponse adéquate aux circonstances ou, du moins, de poursuivre plus tard la discussion dans le respect. Mais, souvent, la pause ne sera pas suffisante. Il faudra valider notre interprétation du message pour résorber la problématique. Dans les cas où on a l'impression que l'autre nous a manqué de respect ou qu'en général notre perception de son attitude envers nous a été déplorable, il devient constructif de valider auprès de lui ce qu'il voulait nous transmettre comme message ou information. La comparaison entre nos perceptions et l'intention réelle de l'autre nous aidera à mieux cerner les dynamiques relationnelles auxquelles nous adhérons sans y penser. Ce doit être entrepris davantage à la manière d'un médecin qui veut amasser toute l'information avant d'établir son diagnostic, qu'à la façon d'un policier qui veut absolument trouver un coupable. Cette validation constitue une source supplémentaire d'information sur notre personnalité et sur la qualité de nos interactions avec les autres. Et ce, peu importe le résultat de la validation. Si notre interprétation des motivations de l'autre était erronée, on pourra apprendre peu à peu à ne plus sauter aux pires conclusions lors d'échanges avec les autres ; si elle s'avère exacte, la discussion qui s'en suivra offrira une occasion additionnelle de régler le conflit. Qu'importe l'issue, on évolue dans notre cheminement personnel. Ceci comporte bien sûr des risques et demande un certain doigté. On doit s'être libéré le plus possible de l'emprise des émotions avant de passer à l'étape de la validation.

Les mécanismes de survie

Nous apprenons tous à transiger avec les autres et avec notre environnement par les enseignements du milieu familial. De nos jours, de plus en plus d'enfants apprennent à socialiser avec les autres enfants à la garderie avant de passer à leur parcours scolaire. Le bébé et le jeune enfant expérimentent tout pour la première fois, les joies associées aux sensations positives, comme les douleurs et les peines associées à l'insatisfaction et aux mauvaises expériences. C'est l'étape où tout se construit : la manière d'être, la personnalité, les talents particuliers. C'est aussi l'étape du développement où l'enfant intériorise sa façon de répondre aux éléments affligeants de son environnement.

Identifier nos mécanismes intériorisés de manière inconsciente est une étape cruciale du processus de prise de conscience de soi ; cela consiste à savoir distinguer ce qui nous limite, ce qui constitue pour nous des stratégies menant à l'échec, à de nouvelles déceptions, des stratégies gagnantes, qui nous permettent de vivre de la satisfaction, d'être en harmonie avec qui nous sommes. On l'a vu, la dépendance affective est à la base une réaction à un vide, à des sensations douloureuses dues à un manque établi dans la petite enfance. À cette étape du développement, l'individu n'a pas encore les capacités de développer des stratégies performantes pour combler ce manque. Selon sa personnalité propre, le type d'environnement familial et ses perceptions et interprétations des situations vécues, il développera différents schèmes de comportements et d'attitudes pour pallier les difficultés auxquelles il fait face. Comme tout cela se passe tôt dans le développement de la personne, les stratégies élaborées seront parfaitement intégrées à sa personnalité, de façon inconsciente. Une étape essentielle de la prise de conscience personnelle est donc l'identification de ses propres mécanismes. De quelle manière agissons-nous spontanément lorsque nous faisons face à la souffrance ? À l'injustice ? Au manque d'attention ? À la violence ? Au non-respect de soi ? À la déception amoureuse ?

Certains des mécanismes de défense intégrés inconsciemment coloreront de façon déterminante la dynamique relationnelle amoureuse à l'âge adulte. Freud[17] a été le premier à établir ce concept et à identifier un nombre de mécanismes de défense de base. Depuis, différents chercheurs en psychologie

17. Fondateur de la psychanalyse.

et courants psychologiques ont approfondi ce concept. Le mécanisme de défense n'est pas en soi une mauvaise réaction à une situation ou à un environnement, c'est cependant par son utilisation excessive, sa rigidité d'application et le fait que la réponse constitue une façon inappropriée de réagir que ce concept peut devenir un obstacle dans la vie de tous les jours. Voyons les principaux mécanismes de défense qui, par leur fréquence et leur inadaptabilité, peuvent contribuer à affecter négativement la qualité des relations amoureuses.

Le refoulement est l'un des plus importants mécanismes de défense dont l'usage est très répandu. L'inconscient se bâtit en partie grâce au refoulement. C'est l'action de repousser dans l'inconscient des pensées et des pulsions jugées inacceptables par notre société ou encore les pensées et les souvenirs trop désagréables ou trop douloureux de notre existence. Lorsqu'il y a refoulement, on peut ressentir de l'inconfort, mais on ne pourra pas lier ce mal-être à sa cause, car la source de son mal sera dans l'inconscient. Évidemment, si on utilise le refoulement à l'excès, on sera constamment dans un état de mélancolie diffuse; on ne sera pas apte à créer les liens entre ce que l'on vit et ses émotions. On n'aura pas accès à sa vérité, il sera donc difficile d'être en relation authentique avec autrui. On aura également tendance à ne plus se souvenir de conflits majeurs dans la relation ou de mauvais traitements subis. Pour reprendre le contrôle de sa vie et contrer le recours excessif au refoulement, il faut porter une attention spéciale à ce que l'on ressent, aux sensations qui apparaissent spontanément à la vue de l'autre ou dans le ton de sa voix. Notre inconscient communique avec nous de façon diffuse tout comme notre instinct. On ne lui trouve pas d'explication rationnelle, mais on demeure convaincu de sa validité. Les rêves, les pensées qui surgissent spontanément en méditation, en faisant la vaisselle, dans la douche ou en accomplissant toute autre activité répétitive sont des moments particulièrement propices pour recevoir des informations importantes de notre inconscient.

Un deuxième mécanisme de défense est l'identification. Elle consiste à adopter un trait de personnalité, des goûts, des attitudes ou des aspects d'une autre personne pour les faire siens. Pour apprendre et assimiler le monde qui nous entoure, on s'identifie d'abord à ses parents, puis à l'adolescence, le mouvement s'inverse, on « repousse » ses parents pour se créer sa propre identité. Une personne ayant une disposition marquée à s'identifier inconsciemment aux autres n'aura pas une forte estime d'elle-même ni une forte confiance en ses moyens. En relation amoureuse, elle aura tendance à souffrir d'insécurité. Elle aura besoin de beaucoup de validation de la part de son partenaire amoureux. Est-ce que son partenaire l'aime toujours? Est-ce qu'elle a bien accompli ce qu'elle avait à faire? A-t-elle posé les bons gestes et fait les bons choix pour se faire aimer? Elle aura également tendance à adopter les goûts et les attitudes de son partenaire. Elle se camouflera derrière cette approche caméléon.

La projection est un autre mécanisme de défense. Comme on l'a vu, elle consiste à attribuer à l'autre des comportements, des sentiments, des attitudes que l'on possède soi-même, mais dont on ne peut accepter l'existence en soi. La personnalité d'un individu privilégiant ce mécanisme est fragile et habituellement peu structurée. Plus le rejet envers les éléments proscrits est intense, plus grande sera la projection à l'autre et plus la démonstration de frustration sera considérable. Lorsqu'on hait (ce verbe ayant une grande portée, il n'a pas été choisi à la légère) quelque chose chez l'autre, la source de cette haine est souvent que l'on refuse obstinément de s'avouer avoir en soi cet élément, tant est grande la répulsion qu'il nous inspire. La dynamique relationnelle avec une personne qui a recours à la projection devient très difficile. Un profond sentiment d'injustice et de frustration s'installe. Les reproches ne sont pas dirigés au bon endroit, mais cela ne les empêche pas d'être véhéments, au contraire. Comme pour tous les mécanismes de défense, seulement une prise de conscience de son propre fonctionnement interne et l'acceptation de qui on est peuvent réduire la fréquence et l'intensité de la projection et éventuellement paver le chemin pour nous permettre de diminuer les aspects de soi qui nous paraissent indésirables.

Le prochain mécanisme est l'anticipation, processus au cours duquel on éprouve à l'avance les émotions et les sensations associées à un conflit ou à des facteurs de stress. On a la conviction de savoir à l'avance comment se dérouleront ces situations futures et on éprouve, au présent, les sensations découlant de cette conviction. Cette bonne blague illustre très bien le mécanisme de l'anticipation. Un homme fait une embardée dans la neige et il est incapable de dégager son véhicule. Il voit au loin une maison éclairée et se dit qu'il va marcher jusque-là pour emprunter une pelle et ainsi se sortir de sa fâcheuse position. En chemin, il commence à douter un peu de son plan. « Hum, je ne suis pas certain que le propriétaire possède une pelle, et s'il en a une, va-t-il vouloir me la prêter ? Je vais lui dire que ce ne sera pas pour longtemps, qu'aussitôt terminé, je la rapporte... Ouain, il fait froid, il fait noir, je suis un étranger qui arrive en milieu de soirée, on ne voudra pas m'ouvrir ! Et encore moins me prêter quelque chose ! » Arrivé au porche de la maison, l'homme frappe à la porte et dès que le propriétaire lui ouvre, il déclare de but en blanc : « Garde-la donc, ta maudite pelle ! » Et puis il s'en retourne. Cette situation est bien sûr comique, mais elle montre clairement comment on peut être complètement dominé par la peur du rejet, la peur du refus, la peur des tensions et que cela nous pousse à éviter la situation à tout prix, nous pousse à tirer des conclusions hâtives, sans valider nos suppositions. Dans une relation amoureuse, le message du partenaire qui anticipe est forcément erroné, il suppose une réaction de l'autre qui n'est pas encore survenue et qui pourrait ne jamais survenir ! Même si, à la rigueur, sa supposition s'avérait exacte, l'anticipation maintient l'échange dans la fausseté, car le partenaire qui anticipe est déjà dans un mode émotionnel en réaction à quelque chose qui ne s'est pas encore produit. L'autre partenaire qui reçoit cette charge émotive aura de la difficulté à comprendre ce qui se passe réellement. Bien qu'il soit bon de se préparer à toutes les éventualités lors de situations conflictuelles ou stressantes, le meilleur antidote à l'anticipation est d'établir un climat de confiance. Confiance en l'autre, en soi, en ses moyens. Laisser les événements venir à nous en adoptant une attitude constructive ancrée dans la réalité est, à mon avis, la meilleure stratégie pour contrer l'excès d'anticipation.

Certaines personnes ont l'impression que leur souffrance et les émotions associées à leur manque intérieur les dominent. Elles y réagissent en tentant de contrôler leur environnement et leur entourage, en croyant qu'elles pourront ainsi contrôler leur vie. Elles exercent ce contrôle en voulant tout savoir de l'autre et en procédant à la vérification des informations obtenues. Au départ, le partenaire peut se sentir important aux yeux de l'autre, mais à la longue, il percevra cette volonté de contrôle comme un manque de confiance en lui et en ses capacités. Une fois que l'on est conscient de cette tendance à vouloir contrôler ce qui est extérieur à nous, la démarche consiste à rediriger petit à petit ce mouvement vers soi-même, vers son intérieur. Tout ce que l'on peut contrôler est la façon dont on répond aux événements de notre vie, notre perspective et les choix que l'on fait en adoptant cette perspective. On ne peut changer l'autre ou changer les faits de notre existence. Encore une fois, la confiance est une notion clé pour s'affranchir de son besoin de contrôle de l'autre et des circonstances. Il faut peu à peu pratiquer un certain « laisser aller » et avoir confiance en la vie, en l'autre et en soi, croire que l'on adoptera l'attitude et posera les gestes qui correspondent à l'essence de qui nous sommes. Lâcher prise face aux événements ; apprendre à les accueillir dans un climat d'acceptation.

D'autres réponses aux situations stressantes ou douloureuses sont le déni, la dénégation et le déplacement. Elles consistent toutes les trois à tenter de repousser les émotions négatives hors de la conscience, mais contrairement au refoulement, elles n'y parviennent pas tout à fait. Le déni est le refus de reconnaître un fait existant ; on sait que le fait existe, mais on n'est pas prêt à l'accepter. Ce mécanisme fait partie de la chaîne de réaction normale du deuil. La dénégation est une variation du même thème où la personne a intégré la situation, mais refuse encore de reconnaître qu'elle existe. Et finalement, en adoptant le déplacement comme mécanisme de défense privilégié, on attribue ses émotions négatives à autre chose qu'à leur véritable source. Chaque fois, la motivation est d'éviter de ressentir ses émotions en raison de la crainte de la souffrance et de l'intensité qu'elles peuvent provoquer.

Remettre en question ses croyances, ses jugements et ses opinions arrêtées

Dans le processus continu de la prise de conscience, une phase importante à entreprendre pour une personne dépendante affective est de faire un travail exhaustif sur ce à quoi elle croit intensément sans y avoir jamais réfléchi consciemment. La rédaction du journal et la période de temps que l'on s'accorde tous les jours pour se centrer sur soi constituent d'excellentes opportunités pour faire la validation de nos convictions. Comme nous l'avons vu, la dépendance affective engendre souvent des perceptions erronées qui, à leur tour, rendent les relations interpersonnelles plus ardues. La clé réside souvent dans l'exercice de validation de ses croyances, dans le questionnement de ses jugements automatiques et, par la suite, dans son ouverture à modifier ses opinions selon les nouvelles informations disponibles. Il est difficile d'établir des liens authentiques, solides et loyaux avec les autres si la fondation de la relation s'est construite sur de fausses bases. C'est pourtant ce qui se produit lorsqu'on tient mordicus à ses croyances et qu'on leur accorde la force de la vérité à long terme.

Si, par exemple, un individu se croit incomplet, s'il se croit insuffisant par rapport aux autres, cette croyance influencera fortement la sélection de son partenaire amoureux. Elle guidera de nombreux choix personnels, ce qui, à la longue, renforcera cette croyance. On entre dans un cercle vicieux, même si cette croyance est fondamentalement erronée. Aucun être humain n'est incomplet; il est ce qu'il est dans sa globalité, avec ses qualités, ses défauts, ses talents et ses limitations. Certains êtres complètement diminués physiquement aux yeux de la grande majorité ont réussi à accomplir des choses incroyables. Ils vivent de grandes satisfactions dans leur vie et créent beaucoup de bonheur autour d'eux. D'autres, avec à peu près tous les attributs vantés par la société (beauté, richesse, jeunesse, talent), ont adopté des comportements autodestructeurs et sont allés jusqu'à s'enlever la vie.

Écrire ses états d'âme dans son journal à toutes les étapes de sa relation amoureuse offre l'avantage de valider ses croyances. Souvent, lorsqu'on est en période de turbulences ou de rupture avec quelqu'un, on se rappelle avec nostalgie les débuts et les bons moments, en éliminant de notre conscience les mauvais moments et les situations conflictuelles. Le journal permet de remettre le tout en perspective. En vérifiant nos impressions de bonheur continu auprès de notre journal (et auprès de son entourage proche, qui a souvent meilleure mémoire que nous), on trouvera probablement la transcription de tous ces obstacles, de toutes les occasions de frustration, d'insatisfaction et de mal-être. Le journal peut devenir un outil qui nous permettra d'être plus ancrés dans la réalité, de ne plus être dominé par notre croyance du moment que notre partenaire est si attirant et qu'il est un si bon choix pour nous.

L'obstacle principal à la remise en question de nos propres croyances est, comme toujours, la peur. La peur de l'inconnu, si la croyance se révèle inexacte. La peur des décisions à prendre si notre conception de la relation amoureuse n'est plus la même, à cause de l'élimination d'une croyance. La peur que la croyance soit vraie et que le bonheur soit impossible pour nous (la non-validation nous permettant de garder un mince espoir du contraire en vie). Un moyen d'affronter ces peurs est de les coucher sur papier, en décrivant exactement quelles seraient les conséquences néfastes si la croyance était inexacte et, dans le cas contraire, quels en seraient les bienfaits. Ensuite, on laisse cela de côté. Après un moment, on associe à chaque issue possible un pourcentage de probabilité qu'elle survienne. Souvent, cet exercice permet de constater que l'on s'empêche de prendre une décision, de poser un geste ou d'adopter un comportement qui nous serait hautement bénéfique et dont les probabilités de réussite seraient considérables, pour éviter des éléments négatifs négligeables ayant peu de probabilité de survenir. La peur de l'inconnu a magnifié les effets négatifs et a effacé les effets positifs du champ de notre conscience. C'est comme cela qu'elle nous paralyse et nous maintient dans l'immobilisme et l'inaction, qu'elle nous fait préférer le familier, le confort du quotidien et le *statu quo*. Le simple fait de décortiquer une peur peut la faire disparaître ; on se familiarise avec elle et, parfois, on se rend compte qu'elle était totalement injustifiée, que le pire scénario envisagé n'est peut-être pas si horrible que ça.

D'autres fois, c'est la peur de se tromper qui domine notre état d'esprit (notre ego est actif dans ces moments-là). Cette peur implique la croyance qu'il y a une solution parfaite, une option idéale qu'il faut choisir. Si on parle de relation amoureuse, il y aurait une personne parfaite pour nous quelque part. Ce qui, encore une fois, n'est pas le cas. Chaque choix, chaque personne, chaque option comportent une variété d'éléments qui peuvent être interprétés comme négatifs ou positifs à divers stades de notre vie. Et même dans les cas où une situation n'a pas engendré les résultats escomptés, que l'option choisie s'est avérée un échec pour nous, elle était peut-être essentielle à notre succès futur. Nous y avons peut-être appris la leçon qui fera la différence dans notre avenir. Avoir fait l'expérience de cette relation infructueuse sera peut-être la raison du succès de la relation suivante.

Les croyances associées à notre partenaire amoureux doivent également être validées. Au fil des années passées conjointement, une dynamique relationnelle s'installe entre les deux partenaires. La vie partagée ensemble a conduit à des constats de part et d'autre qui ne sont pas nécessairement les mêmes. Un partenaire est persévérant, l'autre est généreux ; un est ponctuel, l'autre est colérique, etc. Lors de conflits, les reproches auront tendance à être toujours les mêmes. À la moindre occasion, les mots « toujours » et « jamais », les mots « tout » et « rien » feront surface dans les discussions. Exemple : « Tu es toujours en retard, tu ne fais jamais ce que tu promets de faire, tu fais tout seulement comme tu le veux, tu ne fais jamais rien pour me faire plaisir. » Dans un processus évolutif où l'on désire s'améliorer soi-même et améliorer sa relation avec l'autre, il devient important de reconnaître les efforts déployés pour éliminer un mauvais pli ou une cause d'insatisfaction chez l'autre. Si la croyance que « l'autre n'est pas ponctuel » n'est jamais remise en question, qu'elle a été établie par des événements du passé, qu'elle est essentiellement immuable, qu'elle ne tient pas compte des rendez-vous récents, mais prend racine dans le passé, il y a peu de chances que le changement espéré survienne. Le partenaire qui fait des efforts de ponctualité et qui arrive ainsi à l'heure aux rendez-vous pendant une bonne période de temps, mais qui se fait encore reprocher son retard, conclura que ses efforts ne donnent rien, alors autant retourner à ses anciennes habitudes. La vigilance aux changements positifs et la reconnaissance des efforts déployés pour obtenir ces changements sont essentielles au prolongement de ceux-ci dans la durée.

La vie spirituelle

On a beaucoup parlé des émotions et de leurs effets sur notre état d'esprit, de la grande emprise qu'elles peuvent avoir sur nous au point de nous dominer complètement et de nous maintenir dans une souffrance perpétuelle. Le développement de la vie spirituelle est, pour moi, une piste de solution complémentaire (faire face à ses émotions et les ressentir plutôt que de les fuir étant la piste de solution principale) pour contrer les effets néfastes de la domination des émotions. Le concept de la spiritualité, comme celui de l'amour avant lui, est très complexe et englobant. Ici, on parlera de la spiritualité en ces termes : elle a pour objet la vie de l'âme, l'ensemble des croyances, des principes ou des règles qui inspirent la vie de l'âme ; elle réfère à la qualité de ce qui est esprit ou âme, concerne sa vie, ses manifestations ou ce qui est du domaine des valeurs morales. Elle se rattache également au caractère religieux des choses.

La spiritualité possède en soi plusieurs qualités permettant l'adoption d'une perspective de la vie engendrant bonheur et satisfaction. Selon Howard M. Halpern[18], la voie spirituelle vous ramène chez vous en transformant votre conscience de soi, tout en approfondissant et en élargissant votre lien et votre sentiment d'unité avec tout ce qui vous entoure ; ce qui réduit l'effet restrictif de la soif d'attachement dans les relations amoureuses et accroît la capacité d'aimer, y compris soi-même. Avec la composante spirituelle, notre vision de la vie prend de l'expansion. En effet, grâce à elle, on fait partie d'une globalité ; notre être devient un élément lié à l'univers vivant, par opposition à ce que l'ensemble de notre vision soit concentré exclusivement sur notre petite personne. Notre ego occupe moins d'espace lorsqu'on peut s'appuyer sur notre spiritualité ; on est ainsi plus apte à relativiser notre situation présente, ce qui nous apporte souvent plus de sérénité, plus de satisfaction à vivre les expériences de notre vie. Par sa vision globale des choses, la vie spirituelle nous pousse vers l'empathie et la collaboration, plutôt que vers la compétition et les gains personnels. L'empathie et la collaboration nous amènent à faire l'expérience de l'amour, à en transmettre dans le monde. Et ne sommes-nous

---

18. Howard M. HALPERN. *Choisir qui on aime : de la dépendance à l'autonomie*, 2013, Les Éditions de l'Homme.

pas à notre zénith lorsqu'un sentiment d'amour nous envahit ? C'est, à mon avis, la sensation la plus bienfaisante qui soit.

La spiritualité favorise également l'expression de gratitude, la célébration de la vie, du merveilleux, du simple fait d'être vivant et de tous les bienfaits que cela comporte. L'expérience de la joie et du bonheur est une question de perspective, de comment on interprète les situations auxquelles on fait face. En se concentrant sur ce que l'on a, en éprouvant de la reconnaissance pour ce qu'on a l'habitude de tenir pour acquis (être en santé physique et mentale, manger à satiété, avoir un toit sous lequel on peut se reposer, etc.), on modifie pour le mieux son expérience de la vie, même si nos conditions demeurent inchangées. En adoptant cet état d'esprit avec constance, même les circonstances de la vie auront tendance à évoluer positivement. De plus, mettre l'accent sur les circonstances et les éléments favorables de notre existence nous ancrera dans le moment présent. Cela nous éloignera des pensées orientées vers le passé et de ce que l'on a perdu, et de celles orientées vers l'avenir : « Quand j'aurai ceci ou cela, je pourrai être heureux. Quand j'aurai accompli ceci ou cela, je serai content. »

En étant consciente de faire une exception à mon énoncé de ne pas aborder la vie spirituelle sous la perspective religieuse, je ferai référence ici aux principes de la vie selon Bouddha (mais pas à travers les dogmes et pratiques du bouddhisme), car je crois qu'ils font écho à ce que la spiritualité peut apporter comme soutien aux personnes souffrant de dépendance affective. Ces principes sont les suivants : pratiquer le détachement (lâcher prise) ; pratiquer la non-résistance (s'abandonner et accepter notre vie) ; vivre le moment présent (une journée, une heure, une minute à la fois) ; être à l'écoute de soi, de son entourage et de son environnement (être présent à ce que l'on vit, à ce qui se passe autour de soi).

Dans cette section sur la recherche de sa vérité, où il a été question principalement de prise de conscience de soi et de la façon de s'outiller pour l'atteindre, nous avons vu qu'un des éléments clés est d'affronter la peur, car en l'absence de prise de conscience on est étranger à soi. La première étape du processus est donc de faire face à sa peur : la peur de l'échec ; la peur de ce que l'on va découvrir ; la peur de vivre d'autres souffrances. Outre la peur, les autres émotions négatives doivent également être ressenties pour qu'elles puissent nous quitter. La prise de conscience comporte aussi un examen approfondi des croyances qui sont les nôtres et de leur validation face au réel. Se recentrer sur son être intérieur chaque jour et écrire ses pensées, ses émotions, ses croyances, les événements marquants de la journée dans un journal, sont deux outils précieux pour nous aider à mieux nous connaître, à mieux nous ancrer à la réalité. On a aussi exploré combien il peut être bénéfique de prendre un temps d'arrêt en situation stressante, lorsque des émotions intenses nous dominent. Accorder de l'importance à notre vie spirituelle permet d'élargir sa perspective de vie et d'ainsi relativiser la perception de nos problèmes personnels. Cette section s'est moins concentrée sur la relation amoureuse, car la prise de conscience est un processus individuel, un processus impliquant un mouvement vers l'intérieur. Pour bien vivre une relation amoureuse, il faut d'abord bien vivre avec soi.

Chapitre 6
Pistes de guérison

Dans cette section du livre, nous allons aborder notre passé et les effets qu'il a sur notre vie présente avec l'objectif de s'en affranchir. Les événements qui se sont déjà produits dans notre vie ne changeront pas; ils ont eu lieu et rien ne peut modifier le fait qu'ils ont existé. Le travail personnel peut cependant changer notre relation à ces événements du passé. Nous parlerons ensuite du discours intérieur. Étant donné l'étroite relation entre les pensées et l'apparition des émotions, aborder le discours intérieur comme outil nous permettant d'éviter de déclencher les émotions négatives va de soi. Enfin, le bonheur étant la dépendance à soi-même, on explorera différents moyens de se donner ce qui nous manque, des outils pour devenir sa propre source de bonheur et de satisfaction.

Revoir son passé pour mieux s'en affranchir

On a tous de bons et mauvais souvenirs de notre passé d'enfant grandissant dans son milieu familial. Si le processus de prise de conscience révèle l'étendue des émotions et sentiments que l'on tente de refouler constamment, on peut présumer que notre passé est chargé d'émotions qui n'attendent que d'être ressenties dans toute leur intensité pour cesser de nous empoisonner la vie et disparaître. L'existence des événements du passé et des dynamiques relationnelles qui nous ont fait du tort ne sera pas remise en question. Ces faits et ces relations ont eu lieu. Par contre, on peut modifier les effets néfastes de ces faits et relations antérieurs sur notre vie d'aujourd'hui. L'exercice fonctionne sous le même principe que la prise de conscience, on doit aller à l'intérieur de soi pour affronter les peurs anciennes qui font obstacle. L'objectif est de permettre aux émotions, qui sont associées au passé et qui nous causent du tort présentement, d'être pleinement vécues pour ensuite être totalement évacuées.

En étant plus conscients de nous-mêmes, on va à la rencontre de ses souvenirs douloureux, en essayant de se remémorer le plus de détails possible sur les circonstances entourant ces souvenirs, sur les sensations que nous éprouvions à l'époque, sur les interprétations que nous avons intégrées de ces expériences. L'important est d'accueillir les émotions et les sensations qui referont surface, de leur permettre d'exister en nous tout le temps qu'il le faudra. En accueillant ces souffrances et ces sensations avec affection et sans jugement, on se permet de guérir une part de soi qui a été longuement négligée, évitée, dénigrée, une part de nous qui n'a jamais eu le droit d'exister avant qu'on la ramène intentionnellement à notre conscience. Elle a subi les mêmes dénégations et effets néfastes que tous ceux qui n'ont jamais cru avoir le droit à une existence propre, à une existence leur appartenant. Prendre soin des émotions du passé et leur accorder notre attention nous apportera au final autant de bien-être que se nourrir sainement ou faire de l'exercice quotidiennement. C'est simplement un autre moyen de s'aimer, de poser les gestes nécessaires à l'alimentation de notre santé mentale, tout comme la santé physique.

Une fois ces sensations et ces émotions ressenties, elles perdront leur emprise sur notre quotidien, nos choix de vie et notre perception de nous-mêmes. Ressentir pleinement les émotions et les sensations du passé nous permet de transcender notre passé et de s'affranchir de ses effets néfastes sur le présent. C'est la relation avec notre histoire qui sera modifiée et non l'histoire en tant que telle. Nos capacités d'adulte sont beaucoup plus considérables que celles que nous avions à la petite enfance ou même à l'adolescence. Le fait d'affronter les émotions trop intenses du passé, celles qui n'ont pu être gérées par l'enfant que nous étions jadis, est maintenant non seulement possible, mais très libérateur.

Une étape essentielle au succès de cette démarche d'affranchissement du passé est le pardon. Sans le pardon, la voie vers les sensations positives du bonheur et de la satisfaction n'est pas possible. L'absence de pardon laisse place au ressentiment et à l'exercice de pointage de doigt du ou des coupables, des émotions très négatives et affligeantes pour celui qui les ressent régulièrement. On dit qu'éprouver du ressentiment est semblable à avaler du poison en espérant que l'autre en meure. C'est donc d'abord à nous que le ressentiment et la recherche du coupable causent préjudice, non à celui que l'on tient pour responsable. Le plus difficile consiste souvent à se pardonner à soi-même; on a tendance à se croire responsable de ce qui nous est arrivé, à se sentir coupable des événements souffrants de notre l'enfance. En examinant les situations douloureuses et les relations déterminantes du passé avec nos yeux et notre esprit d'adulte, on pourra finalement se débarrasser de cette culpabilité malsaine. On aura sous la main un portrait plus objectif de ce qu'a subi cet enfant que nous étions. On pourra ainsi ajuster le niveau des attentes associées à l'enfant que nous étions et arrêter de croire que nous avions les capacités d'influencer de manière significative les circonstances de notre vie à cet âge-là.

À l'âge adulte, nous sommes partie prenante, à divers degrés, des circonstances et des relations qui composent notre quotidien. Les conditions de notre vie actuelle ont été engendrées par l'ensemble des choix posés tout au long de notre vie d'adulte. Prendre l'entière responsabilité de notre vie, des situations vécues, des relations en cours ou passées, de l'immobilisme, de la non-évolution de notre développement personnel est le moyen le plus sûr pour nous aider à modifier notre trajectoire de façon à atteindre nos buts et à éprouver plus de joie dans notre vie. Il faut s'ouvrir les yeux sur nos choix passés, même si à l'époque on ne croyait justement pas avoir le loisir d'opter pour l'avenue de notre choix. Prenons l'exemple de Caroline. Elle a toujours rêvé d'être chanteuse, de donner des concerts, d'interpréter de grands succès. À l'âge de dix-neuf ans, elle a joint un groupe qui commençait à avoir du succès. Ses parents n'étaient absolument pas d'accord avec son choix; ils préféraient qu'elle opte pour un travail offrant une bonne sécurité financière et une grande sécurité d'emploi. Bien que Caroline ait été majeure et que ses parents n'aient pas eu les moyens de lui payer ses études, elle a laissé tomber le groupe de musique et a fait carrière dans la gestion des sports et loisirs de sa municipalité. Cet emploi ne lui apporte aucunement la satisfaction et le bien-être de la musique; il la rend malheureuse tous les jours de la semaine. Au fond de son cœur, Caroline blâme ses parents pour son choix malheureux. Elle estime avoir eu l'obligation morale de leur obéir; elle pense qu'elle ne pouvait pas faire autrement que d'opter pour cette carrière de gestionnaire, que cela n'a jamais été son choix à elle. La réalité est tout autre. Rien n'empêchait Caroline de suivre sa passion et de faire fi des valeurs et des conseils parentaux. À l'époque, elle a choisi d'obéir à ses parents pour toutes sortes de raisons (peur de leur rejet, peur de ne pas réussir comme chanteuse, peur de les décevoir, peur de se tromper, etc.). Cette option (obéir à ses parents et non à ses envies) comportait de meilleurs avantages que l'option de suivre sa passion. Selon ses perceptions du moment, peut-être que Caroline estimait que la déception de ses parents quant à son choix serait plus difficile à vivre que sa propre déception de ne pas suivre sa passion. Avec le temps, la difficulté perçue s'est inversée; Caroline ressent beaucoup plus sa propre déception que celle de ses parents, qui ne s'est pas matérialisée, au point où l'existence même du choix est niée. Selon elle, si elle vit autant de frustrations dans sa vie professionnelle, c'est parce que ses parents lui ont imposé ce choix de carrière. Tant qu'elle ne se responsabilisera pas sur ce point, elle ne pourra pas avancer. En réalité, elle a encore l'option de laisser tomber sa carrière de gestionnaire municipale pour tenter une percée musicale. De même, choisir cette option comporte ses risques et ses conséquences, tout comme choisir de maintenir le *statu quo*. Si Caroline choisit encore aujourd'hui de poursuivre sa carrière en gestion, c'est qu'inconsciemment ou non elle évalue cette option comme étant la meilleure ; elle n'a donc aucune raison de blâmer les autres pour sa situation professionnelle actuelle. La seule personne qu'elle pourrait blâmer est elle-même. Tenir les autres, ou certaines situations, pour responsables de ses conditions de vie et de son bonheur est la recette idéale pour éprouver encore plus de souffrances et de frustrations.

On est responsable de sa vie. Il devient ainsi impératif de se pardonner soi-même, de se pardonner des choix maintenant considérés comme des erreurs, ceux comportant plus de désavantages que d'avantages. Avant d'essayer d'accorder le pardon à tous ceux qui nous ont causé du tort ou de la souffrance, il faut d'abord s'être pardonné soi-même. En se plongeant dans l'examen de nos choix antérieurs, il faut se rappeler que l'on a agi au meilleur de nos connaissances du moment, se donner le bénéfice du doute. « Si, par magie, j'étais remis dans les mêmes circonstances sans savoir ce que je sais maintenant, est-ce que je prendrais les mêmes décisions ? » Probablement ! Il faut se pardonner ses faiblesses, ses défauts, ses limites en tant qu'être humain, comme on le fait pour les gens qu'on aime. Accorder le pardon est un acte d'amour envers soi. La vie en l'absence de pardon est une expérience remplie de déception, de frustration, de haine, de sentiment d'injustice, de victimisation. Si on ne se croit pas digne de pardon, on méprisera celui qui nous accordera son pardon. En se pardonnant et en pardonnant aux autres, on se libère de ces sensations négatives et des conséquences qu'elles engendrent.

Avant d'accorder son pardon, il est préférable de vivre au préalable les émotions négatives associées à la situation, aux gestes, aux paroles ou au comportement à pardonner. Si on passe directement de l'incident à la phase de pardon sans vivre la frustration, la peine, la déception, la colère ou tout autre sentiment engendré par l'incident, on ne pardonne pas vraiment. On est plutôt en déni ou en refoulement; on fait comme si l'incident n'avait pas eu lieu. Il en va de même dans une relation, si l'autre n'éprouve aucun remords et qu'il est loin de nous demander pardon, qu'au contraire, c'est nous qui lui trouvons des excuses pour son attitude ou son comportement envers nous. On choisit alors d'ignorer que l'autre nous a porté préjudice, qu'il n'avait peut-être pas une motivation bienfaisante à notre égard. Tout incident nécessitant des excuses à notre endroit génère une interprétation s'accompagnant d'émotions négatives.

J'étais allée à un party chez des amis de collège de mon amoureux à l'extérieur de la ville et j'étais de très belle humeur à l'idée de les rencontrer. Quand nous sommes arrivés, l'ambiance était déjà à la fête, tout le monde avait, semble-t-il, consommé joyeusement de l'alcool. La première réaction de mon amoureux a été de m'abandonner là sans me présenter à personne. Je me suis tout d'abord raisonnée: « Après tout, je suis une personne très sociale qui met souvent de l'ambiance aux soirées auxquelles j'assiste. Ça ne devrait pas être un problème. » Curieusement, personne ne voulait me parler. Il me semblait même que l'on me snobait, car je ne venais pas de la même ville; je n'étais pas assez *in* pour que quelqu'un daigne m'adresser la parole. Voyant cela, j'ai tenté à plusieurs reprises de m'inclure dans les échanges du petit groupe de mon amoureux. Peine perdue, il parlait et ne se préoccupait pas de ma présence. Mon dernier recours a été de sortir de la maison pour attendre que le party se termine et enfin rentrer à la maison. J'ai passé une horrible soirée qui ne voulait plus finir, et mon amoureux ne s'est jamais excusé de son comportement. C'est plutôt moi qui ai usé d'un trésor de créativité pour lui trouver une panoplie d'excuses. Si mon besoin d'être avec lui n'avait pas été si envahissant, mon interprétation des événements de la soirée aurait été qu'il m'avait manqué de respect et avait eu, en général, un manque d'empathie (ou de préoccupation) à mon égard. Il ne s'est jamais rendu compte que j'avais quitté la maison pendant la majeure partie de la soirée. Non seulement je lui ai tout pardonné, mais j'ai transféré l'objet de ma colère initiale vers moi. J'en ai conclu que je n'avais pas assez de ressources ou de capacités sociales pour que ses amis s'intéressent à moi. Nous ne sommes plus ensemble aujourd'hui. Après bien des efforts et des déceptions, je me suis finalement rendue à l'évidence de l'absence d'amour dans cette relation. Cet exemple illustre un aveuglement volontaire bien plus qu'un réel pardon.

Le pardon ne s'accorde pas d'une façon instantanée et irréfléchie. Pour qu'il soit réel et efficace, pour qu'il nous permette de passer à autre chose, il doit suivre quelques étapes essentielles. Tout d'abord, il faut vivre les émotions négatives qui émergent de nos perceptions des événements et admettre que nous avons été blessés par ce que nous avons vécu, que nous avons souffert. Pour reprendre mon exemple, je me suis tout d'abord sentie rejetée, pas assez intéressante pour que mon amoureux souhaite m'avoir à ses côtés ou me présenter à ses amis. Ce rejet a engendré de la douleur et une grande déception quant à notre relation. L'autre étape est d'accepter que l'on ait pu jouer un rôle dans les circonstances, il faut assumer une certaine responsabilité. Dans mon cas, je savais que mon amoureux était beaucoup dans le paraître et qu'il m'abandonnait souvent dans les soirées sociales pour aller séduire tous les participants (la séduction n'était pas sexuelle, mais bien dans le sens où il désirait plus que tout plaire à tous). Je m'étais bernée à croire que cette soirée-là ferait exception, d'autant que je ne connaissais personne et que c'était à plus d'une heure de la maison. Il a été égal à lui-même en agissant comme il l'a fait. La prochaine étape est d'adopter le point de vue de l'autre le plus objectivement possible. Quelle est la motivation derrière le comportement affligeant? Est-ce que l'intention de départ était de blesser l'autre? Quels besoins l'autre essayait-il de combler? Était-ce nécessairement dirigé contre soi ou s'agissait-il plutôt de combler un besoin personnel? Mon amoureux n'avait pas d'intention négative à mon égard. Il a agi selon son schéma habituel et a été surpris de constater que je n'avais pas passé une belle soirée. Il a adopté ce comportement pour obtenir le maximum d'attention de la part de ses amis et est ressorti comblé de sa soirée. La dernière étape est de lâcher prise et de tout simplement pardonner à l'autre. On a ressenti les émotions, on a bien analysé notre rôle dans l'incident et on a tenté de comprendre le point de vue de l'autre; pardonner après cela devient un acte bénéfique.

J'ajouterais que dans une dynamique relationnelle, il est bon de faire le point après avoir expérimenté plusieurs situations nécessitant le pardon. Il faut se questionner à savoir si l'attitude de l'autre en certaines circonstances sera toujours la même et qu'en somme elle n'est pas dirigée contre vous. Si tel est le cas, serez-vous à l'aise avec ses façons de faire ou, au contraire, cela créera toujours un problème entre vous deux? L'autre vous manifeste-t-il assez d'amour dans d'autres circonstances pour faire le contrepoids? Dans mon cas, j'avais conclu que c'était une des caractéristiques de mon amoureux, qu'il n'agissait pas ainsi pour me blesser. Je me débrouille très bien en général dans les soirées de toutes façons, la probabilité de revivre une telle situation était donc minime. Cependant, en analysant la relation, je suis arrivée à la conclusion qu'il n'y avait pas beaucoup d'occasions qui faisaient contrepoids. Somme toute, je ne partageais pas souvent de bons moments en sa compagnie; notre dynamique n'était pas constructive, d'où la rupture.

Dans la dépendance affective, un des pardons les plus importants est celui que l'on accorde à ses parents, les témoins de cette période difficile de l'enfance où nous avons expérimenté le manque et une trop grande souffrance. Autant il est essentiel de se pardonner à soi-même parce que, pendant son enfance, nous n'avions pas la capacité de changer les choses, autant il est essentiel de pardonner à ceux que l'on juge responsables de la situation. Adopter le point de vue de ses parents avec leurs qualités personnelles (positives et négatives), leurs limites et leur propre historique familial apporte un éclairage plus objectif sur le passé. S'affranchir de ce passé est la raison principale pour entamer le processus de pardon de ses parents. On désire tout simplement éliminer l'emprise des mauvaises expériences du passé sur les choix du présent. Accorder le pardon à ses parents pour ce qui s'est passé dans son enfance n'équivaut pas à leur donner la permission de reproduire ce comportement ou cette attitude aujourd'hui. Les parents, comme toute personne avec qui on partage des relations, doivent respecter nos limites et respecter l'adulte que nous sommes devenus. Ils ne peuvent poursuivre la dynamique relationnelle néfaste établie à l'enfance sous prétexte qu'ils sont nos parents. On leur pardonne les expériences passées, tout en imposant nos conditions et exigences dans la dynamique relationnelle d'aujourd'hui. La prise de conscience et le retour dans le passé (avec ses capacités d'aujourd'hui) guident la mise en place d'une dynamique relationnelle plus saine et plus satisfaisante avec ses parents.

Le discours intérieur

Le succès du livre *Le Secret*[19], plus récemment, et d'un livre comme *Demandez et vous recevrez*[20] dans le passé dénote de l'importance grandissante accordée à notre discours intérieur. Dans certains cas, on a plutôt l'impression de parler de « pensée magique » tant les attentes placées sur nos pensées sont exagérées. On ne peut généralement pas s'attendre à obtenir

19. Rhonda BYRNE. *Le secret*, 2011, Un Monde Différent.
20. Pierre MORENCY, *Demandez et vous recevrez*, 2006, Coffragants.

tout ce que l'on veut de la vie en changeant seulement la qualité et le contenu de nos pensées. La pensée et la réflexion doivent être suivies d'un minimum d'actions sur le réel. Il est cependant indéniable que le contenu de nos pensées influence ce que l'on ressent au quotidien. Comme nous l'avons vu, ce n'est pas ce qui nous arrive qui cause la joie ou la peine ressentie, mais bien la valeur que l'on attribue à ces événements, comment on les interprète. L'annonce d'une grossesse peut provoquer la plus grande joie comme le plus grand désespoir dans la vie d'une femme ou d'un couple. Pourtant, c'est essentiellement le même événement. Si le contenu de nos pensées est le plus souvent négatif, pessimiste ou déprimant, nos réactions aux événements de la vie le seront aussi, et nous entrerons dans un cercle vicieux d'emprisonnement du côté négatif de la vie.

Certains croient à tort que nous sommes impuissants à contrôler nos pensées, que celles-ci apparaissent dans notre esprit et suivent leur propre logique ou volonté. Si on ne fournit pas les efforts requis et qu'on se laisse vivre, que l'on continue à subir sa vie, il en sera de même pour les pensées. Elles se présenteront comme elles l'ont toujours fait et influenceront nos états d'âme et nos choix de vie. Modifier son discours intérieur est possible, mais cela demande beaucoup d'efforts, une discipline de tous les instants et de la persévérance. Nous sommes des êtres d'habitudes ; elles nous donnent l'impression de contrôler notre vie. Le contenu des pensées qui occupent notre esprit se développe également selon le principe des habitudes. Plus celles-ci sont ancrées profondément dans notre esprit, plus elles seront difficiles à déloger, car le « chemin » pour les atteindre sera très fréquenté, nous sommes en terrain connu. Choisir *a priori* le côté pessimiste des situations, prendre les choses personnellement, être sur la défensive, projeter de mauvaises intentions aux autres car le monde est ainsi fait, voilà autant d'attitudes qui, si elles sont appliquées systématiquement, modifient tout le contenu de nos pensées. La recherche scientifique commence à démontrer que le cerveau en est physiquement modifié. Ces attitudes et ces schèmes de pensées peuvent, à eux seuls, nous influencer à poser des gestes, à adopter des comportements qui seront néfastes à notre bien-être.

Dans le fond, le travail requis pour modifier son discours intérieur ressemble beaucoup à une prise de conscience de chaque instant. Le but n'est pas de développer à tout prix des pensées positives sur tous les aspects de notre vie. Ce sont d'abord les pensées réalistes – celles qui se basent sur des faits, celles qui surviennent après avoir validé nos impressions premières – qui nous sont utiles. Les pensées constructives sont également bénéfiques. Les encouragements, la concentration sur le moment présent, sur les choses ou les relations pour lesquelles nous éprouvons de la reconnaissance sont des pensées qui influenceront positivement notre vécu. Si, au contraire, on se concentre sur ce qui nous manque, c'est exactement ce que nous allons expérimenter : le manque ! S'émerveiller constamment des relations dans notre vie, reconnaître ce qu'on possède et tout ce à quoi on a accès, remarquer les heureux hasards qui parsèment notre vie, tout cela nous apportera un sentiment de plénitude, et c'est ce que nous allons vivre, la sensation de bien-être associée à l'absence de vide.

Pour m'aider à modifier positivement le contenu de mes pensées, j'ai fait usage d'un petit truc tout simple. Lorsque je me rendais compte que j'étais perdue dans des pensées négatives, je tirais sur un élastique autour de mon poignet de manière à me pincer légèrement, ce qui me recentrait sur le moment présent. Je procédais alors à un exercice de confrontation de ces pensées à la réalité présente. Si le résultat de l'évaluation était que mes pensées n'étaient pas réalistes, je me félicitais de les avoir validées et je me concentrais intentionnellement sur la tâche ou l'activité en cours. Par contre, s'il s'avérait qu'effectivement les pensées négatives étaient ancrées dans la réalité, je tentais de trouver le contrepoids positif, afin de plutôt me concentrer là-dessus. Au début, c'est un peu pénible comme processus, mais après quelque temps, le cerveau s'habitue et va directement à la perspective positive ou réaliste.

Une autre façon de se recentrer, de faire cesser les pensées néfastes du moment est de prendre deux ou trois profondes respirations et de se concentrer sur l'effet de l'oxygénation dans tout son corps. Cette pratique est habituellement efficace pour contrer le flot de pensées indésirables. On peut la répéter autant de fois que nécessaire. Pour les périodes de grande anxiété, un ami m'avait appris un exercice fort utile et efficace. Si l'esprit est littéralement envahi par des pensées anxiogènes, que le stress vécu semble absolument incontrôlable, on se place devant un miroir et on se répète que ça va aller jusqu'à ce qu'on se croie. J'ai eu recours à cet exercice à quelques reprises dans ma vie, dans des situations où tout me semblait sans espoir et me causait énormément d'anxiété. Et je peux affirmer que cela a fonctionné toutes les fois. L'anxiété ressentie a beaucoup diminué, assez pour me permettre de m'attaquer au problème petit à petit pour finir par en venir à bout.

Les relations amoureuses passionnées sont souvent génératrices d'anxiété. L'anxiété provient de la peur de perdre la personne qui nous fait vivre tellement de bien-être, qui nous fait ressentir toutes ces sensations bienfaisantes. On se sent totalement vulnérable à l'autre, à sa présence, à ce qu'il fait pour nous. Cette passion occupe toutes nos pensées et devient souvent obsessive. Comme on l'a vu, cette phase de la relation amoureuse est tout à fait normale. Cependant, si elle se poursuit trop longtemps et que l'anxiété prend peu à peu plus d'espace que les ressentis positifs, l'obsession n'est plus aussi désirable. Éliminer ces pensées obsessives n'est pas une mince affaire ; le mot le dit, elles nous obsèdent ! Notre hamster court sans arrêt dans notre cerveau et il n'y a aucune fin en vue. On dit souvent que, dans la vie, la meilleure défense est l'attaque. Partant du même principe, un bon moyen d'éliminer l'obsession est de faire un effort intentionnel pour ne penser qu'à ça ! Un peu comme agissent les émotions refoulées, qui nous poursuivent quand on tente de les éviter, mais nous quittent lorsqu'on y fait face, forcer son esprit à s'obséder sur son obsession la fait disparaître. Si on tente l'exercice, il ne dure habituellement pas plus de quinze minutes et on arrive à ne plus s'obséder. La méditation fonctionne sous le même principe. Si, pour une longue période, on essaie d'obliger son cerveau à ne penser à rien, une foule de pensées se présenteront automatiquement les unes après les autres. Si, au contraire, on se force à réfléchir, le vide se fera en nous. Souvent, après s'être forcé à s'obséder pendant un moment, le ridicule de l'obsession nous saute aux yeux. Lorsque cela survient, l'emprise disparaît. Ce moyen nous permet de passer à autre chose, de ne plus être constamment envahi par les mêmes ruminations de l'esprit.

Souvent, notre petite voix intérieure se fera beaucoup de soucis pour l'avenir. Notre esprit suit alors un parcours qui nous mène droit à l'anxiété par des frayeurs anticipées. Par peur que les choses changent, nous avons tendance à ne pas choisir l'option qui pourtant semble être celle à privilégier selon les circonstances présentes. Par exemple, on a bien envie de prendre des vacances en Europe le mois prochain. L'opportunité est là ; financièrement on peut se le permettre, on a épargné de l'argent pour voyager, on a travaillé fort toute l'année et l'évaluation de notre performance a été bonne. On pourrait donc partir l'esprit tranquille. Mais le discours intérieur peut devenir celui-ci : « Mais si mon conjoint perd son emploi au courant de l'année, le coussin financier ne serait plus là pour nous sauver... Et si, malgré notre excellente santé, nous tombions malades à l'extérieur du pays, l'argent du voyage sera gaspillé... Qu'adviendra-t-il de mes responsabilités professionnelles si mon employeur décide de modifier la structure de la compagnie pendant mon absence et que je ne suis pas là pour me défendre ? » Visiblement, selon les circonstances actuelles, la décision de voyager est éclairée, justifiée et a le potentiel de générer beaucoup de satisfaction et de bien-être. Le discours mental ne peut cependant pas s'empêcher d'envisager le pire et ainsi éliminer des expériences potentiellement très satisfaisantes.

L'anxiété des frayeurs anticipées est un phénomène particulièrement présent lorsqu'il est question de la dépendance affective, quand il s'agit de prendre la décision de rester en relation avec son partenaire ou d'entamer le processus de séparation. La personne dépendante aura tendance à s'accrocher à la relation jusqu'à la dernière limite et, encore là, elle s'empêchera de quitter son partenaire de peur que ce dernier soit, après tout, LA personne de sa vie. Tout cela en faisant fi, bien entendu, des circonstances actuelles où elle vit des situations pénibles, où elle souffre énormément et n'observe tout simplement pas beaucoup d'amour gratifiant de part et d'autre. Le discours intérieur d'anticipation des souffrances et des échecs futurs suffira à maintenir le *statu quo*, et ce, même si rien ne prouve que cette anticipation se vérifiera dans le futur (i.e., on obtient la certitude d'avoir laissé l'homme ou la femme de sa vie). Il vaut mieux se baser sur les faits, sur nos ressentis dans la relation amoureuse. Si on a la certitude d'avoir fait tous les efforts possibles pour améliorer la dynamique relationnelle sans pour autant obtenir les résultats escomptés, la meilleure option est probablement la rupture, dans les circonstances présentes. Une réconciliation potentielle sera toujours envisageable si la période de séparation permet aux deux partenaires de cheminer dans la bonne direction. Cependant, cette réconciliation devra se faire sur de nouvelles bases pour durer dans le temps ; les limites de chacun et leur identité propre devant être clairement respectées.

En résumé, le contenu des pensées génère le type d'émotions ressenties. La gestion de son discours intérieur devient donc un élément primordial dans le cheminement vers une vie plus satisfaisante. Réorienter ses pensées de façon qu'elles soient ancrées dans la réalité, choisir d'adopter une perspective concentrée sur le moment présent et sur ce que l'on a, au lieu d'anticiper le futur et de ne voir que ce qui nous manque, sont des disciplines qui nous aident à rendre le contenu de nos pensées plus constructif. Ce qui, en conséquence, affectera positivement notre qualité de vie en général et les choix que nous ferons.

Se donner ce qui nous manque

Nous avons vu que la dépendance affective a pour origine le milieu familial au stade de l'enfance. Nous sommes aussi bien conscients que ce qui s'est produit dans le passé est immuable. Les événements et les relations vécus ne s'effacent pas; ils font partie intégrante de notre histoire personnelle. Nous pouvons seulement changer notre perspective et notre affect à l'égard de ce passé. Une fois ce cheminement atteint, quelle est l'étape suivante ? Quand nous nous sommes affranchis de notre passé et responsabilisés par rapport à notre propre vie, quand nous avons discipliné notre discours intérieur mais que nous ressentons encore un manque qui nous fait souffrir, il nous faut devenir notre propre pourvoyeur. Il faut nous offrir ce qui nous manque, de façon à être dépendant de soi et non de l'extérieur. On doit apprendre à s'aimer soi-même, apprendre à expérimenter le bonheur d'être là, d'être soi-même. Ce chemin nous mènera éventuellement à l'autonomie et engendrera une solution de rechange à la jouissance compulsive. Nous pouvons atteindre une pleine satisfaction sans avoir recours à des personnes ou à des moyens extérieurs. De toute façon, ce sont les associations et les interprétations que fait notre cerveau qui procurent la sensation de bien-être et de satisfaction, autant aller à la source pour chercher son bonheur.

Lorsque nous souffrons des effets néfastes du manque, de l'insatisfaction, c'est en fait notre enfant intérieur qui est blessé; c'est lui qui prend possession de nous dans ces moments-là. Cet enfant souffre; il n'a pas les capacités que nous avons acquises au fil de notre développement et il n'a pas pu compter sur une présence parentale pleinement réconfortante. Jusqu'à maintenant. On doit apprendre à aimer soi-même (sans apport extérieur) notre enfant intérieur souffrant de manque. Pour ce faire, on doit travailler à se construire de nouvelles ressources internes qui nous permettront de subvenir aux besoins de notre enfant intérieur. Un moyen d'atténuer sa souffrance est de se donner soi-même l'amour, le réconfort, la compréhension, l'acceptation, le soutien dont on a besoin. On fait appel à la puissance de la créativité de notre cerveau pour se construire des parents parfaits qui répondront à tous les besoins et désirs de notre enfant intérieur, de manière à le réconforter. On peut même leur donner des noms, une profession, un historique familial et utiliser tout ce qui nous aidera à les rendre présents à notre esprit. À la manière de personnages de roman qui nous ont marqués ou de personnages de séries télévisées qui font partie de notre quotidien, ces parents imaginaires peuvent devenir très réels pour nous et nous apporter beaucoup. Ils sont parfaits, ils ont toutes les qualités, les attitudes et les sentiments des parents que nous aurions voulu avoir en grandissant. Ils sont présents pour nous quand nous en avons besoin ; ils nous traitent avec amour, tendresse et compréhension ; ils nous acceptent tels que nous sommes ; ils savent exactement quoi dire pour que nous allions mieux, etc. Comme c'est nous qui les créons, il n'y a pas de limites aux qualités et aux bienfaits qu'ils peuvent posséder. Ces parents-là n'ont pas à passer le test de la réalité ; ils sont là strictement pour nous faire du bien, pour nous soulager.

La création de parents idéaux imaginaires fonctionne sous le même principe que l'idée d'adopter envers soi-même la perspective que l'on adopte envers quelqu'un qu'on aime beaucoup, spécialement lorsqu'on veut lui apporter du soutien parce qu'on le sent vulnérable. C'est une autre façon de se donner de l'amour, de s'accueillir soi-même. Notre enfant intérieur a vécu des manques importants et personne n'a été là pour lui. C'est le moment d'être là pour lui, de lâcher prise au ressentiment et à la recherche de coupables. Cet enfant a le droit fondamental d'exister et d'être soutenu, peut-être pour la toute première fois, grâce à cette part de nous qui l'aime et qui l'accepte.

Si une situation nous blesse, qu'elle provoque en nous beaucoup de souffrance, les parents parfaits imaginaires sont là pour nous consoler. Dans un premier temps, on doit d'abord ressentir la souffrance, ne pas essayer de la refouler ou de l'éviter. Puis on fait appel à nos parents imaginaires qui apporteront amour, réconfort et tout autre élément dont nous pourrions avoir besoin dans ces moments-là. On demeure dans cet échange aussi longtemps que nécessaire. Ensuite, on peut (et on doit) passer à autre chose. Cet exercice peut paraître étrange, mais il ne faut pas sous-estimer les capacités de son esprit. L'imagination est un outil extrêmement puissant. Les films inspirant le plus de peur sont habituellement ceux qui ne montrent pas les choses, mais qui laissent place à l'imaginaire du spectateur. Dans *Jaws*, on n'aperçoit la bête qu'une fois les trois quarts du film passés. Avant cela, on laisse le spectateur deviner ce qui se passe sous l'eau; on ne montre que les effets du passage du grand requin blanc. Et c'est ce qui fait que l'on éprouve autant de terreur. Par ailleurs, dans des situations où il fait très froid, se répéter constamment combien nous avons chaud envoie un message au cerveau qui nous fait avoir moins froid. Encore une fois, c'est le pouvoir de l'imagination à l'œuvre.

S'aider soi-même, c'est aussi réaliser que nous seuls pouvons nous rejeter, que les autres n'ont pas ce pouvoir sur nous. Si nous nous acceptons tel que nous sommes, dans toute notre globalité, avec nos qualités et nos défauts, personne ne peut nous ébranler dans cette conviction, même en nous rejetant. Être blessé par le rejet de l'autre, c'est en fait lui accorder un pouvoir qu'il n'a pas. Si l'autre nous rejette, c'est son affaire; ça lui appartient. Ce rejet ne modifie en rien notre valeur humaine. Cela ne modifie pas qui on est; notre essence est la même après le rejet de l'autre qu'avant. Cependant, la relation avec une personne à laquelle nous inspirons clairement le rejet n'est nettement pas désirable. Il est évident que ce type de relation ne pourrait aucunement nous être bénéfique.

Nous donner ce qui nous manque, c'est se comporter à l'inverse du rejet de soi. C'est s'accueillir, s'accepter et s'aimer dans toute sa globalité. Au lieu de choisir une attitude aussi autodestructrice que le rejet de soi, attitude qui ne solutionne rien, car toutes les caractéristiques qui nous composent demeurent présentes en nous que nous les rejetions ou pas, choisissons une perspective qui favorisera les expériences de joie et de satisfaction. On peut, par exemple, se prendre moins au sérieux, se pardonner plus rapidement une erreur que l'on a commise. Les seuls humains qui ne font pas d'erreurs sont ceux qui sont morts et ceux qui ne font rien, bien que souvent la pire erreur soit justement de maintenir le *statu quo*. Relativiser donc ses erreurs et se relever rapidement pour recommencer. Notre interprétation d'un événement en fera un succès ou un échec ; à nous de choisir la bonne perspective. J'ai connu, il y a quelques années, une situation professionnelle qui présentait tous les critères de l'échec. Pourtant, ce n'est pas ainsi que je l'ai vécue. J'ai tellement appris par cette expérience de travail ; j'étais constamment appelée à dépasser mes propres limites pour mener à bien les projets. Après coup, je me suis rendu compte du niveau d'énergie et de courage que tout cela m'avait demandé et j'en ai ressenti beaucoup de fierté. Bien que cette expérience se soit terminée de manière très insatisfaisante et que les derniers mois aient été très pénibles, je la classe parmi les bonnes décisions de ma vie professionnelle pour tout ce que j'y ai appris, tant sur le plan du travail que sur celui des relations interpersonnelles.

Dans notre rapport au succès et à l'échec, notre ego peut nous permettre de surmonter bien des défis, mais il peut également être notre pire ennemi, surtout lorsqu'il est question de relations interpersonnelles et de développement de soi. Il faut trouver ses propres moyens pour gérer son ego : utiliser l'humour (en faire son ami), se rappeler les succès du passé, accepter sa vulnérabilité ; qu'importe la stratégie utilisée pour diminuer l'influence négative que peut avoir notre ego sur notre perception des événements. On peut également se lancer des défis nous poussant à devenir meilleurs, où l'approbation de soi devient conditionnelle à la réussite, mais sans jamais se départir de l'amour de soi et de l'appréciation de ses efforts à relever le défi. Qu'importent les circonstances, on peut toujours apprécier son essence fondamentale, même si certaines couleurs nous apparaissent indésirables.

Apprendre à bien vivre avec soi-même et acquérir son autonomie est très salutaire, car à chaque moment, à chaque endroit, seul ou en compagnie d'autres gens, on est toujours avec soi-même. Si, à la base, on se sent bien avec soi-même, les expériences vécues, les endroits visités et les personnes rencontrées, notre qualité de vie en sera améliorée. Être bien avec soi ne signifie pas ignorer ses fragilités, ses manques et ses vulnérabilités. On en est conscient, mais en même temps on connaît aussi ses talents, ses ressources et ses capacités. C'est de réaliser qu'il nous faut exister pour soi d'abord et avant tout « public # 1 » et non à travers le regard des autres, à cause de ce qui nous appartient ou par les fonctions que l'on occupe. Une autre façon de prendre soin de soi est de réaliser que nous sommes notre propre continuité ; nous n'avons pas besoin de la présence de l'autre pour garantir une reconnaissance du vécu. À chaque instant, nous sommes le témoin de nos propres expériences, ce qui signifie que ce vécu n'est jamais perdu. Il n'a pas existé pour rien ; il existe pour nous. Nous y avons droit et le méritons pleinement. Quand j'étais au primaire, je ressentais le besoin irrésistible de raconter ma journée à ma famille au souper. C'était toujours le premier sujet de conversation du repas familial. De mon point de vue d'alors, ma journée n'avait pas existé tant que je ne la partageais pas avec ma famille. Je ne me préoccupais pas beaucoup de leur réaction à mes histoires, l'important pour moi était de leur raconter. Cette façon d'entériner ma vie m'a suivie pendant une longue période, le rôle de ma famille fut transféré tour à tour à mes amoureux ou à mes bonnes amies. Jusqu'à ce que je réalise que vivre ma vie pour moi était en soi suffisant, que je n'avais pas besoin d'un auditoire. Je raconte toujours des histoires, mais maintenant je ne ressens plus cela comme un besoin, mais plutôt comme un divertissement.

Nous donner ce qui nous manque, c'est également adopter une attitude différente face à la vie et à ses relations interpersonnelles. Si on veut obtenir des résultats différents, il faut utiliser des stratégies et des moyens qui sont différents de ceux qui n'ont pas engendré le succès. On doit prendre la décision de rompre avec la façon de faire qui est la nôtre depuis si longtemps, qui nous restreint et nous pousse en bout de ligne à l'autodestruction. Cela demande du courage, car c'est une manière d'affronter l'inconnu, et le changement est souvent source d'inconfort et d'anxiété. Il faut prendre le risque d'adopter des attitudes et de poser des gestes qui nous seront potentiellement très bénéfiques. Le risque vaut la peine d'être tenté au vu d'un bien-être et d'une satisfaction accrus. Les stratégies et les moyens engendrant le succès seront ainsi peu à peu apprivoisés et deviendront de moins en moins anxiogènes.

Dans le but d'adopter une attitude constructive, une perspective moins centrée sur le manque et ses effets négatifs, on peut pratiquer un exercice de reconnaissance de sa vie et de tout ce dont elle est remplie. Celui-ci consiste à noter cinq éléments de sa vie pour lesquels on est reconnaissant, juste avant de se mettre au lit. La reconnaissance de ce qu'on a diminue la sensation de manque et les souffrances qui y sont associées. En notant ces éléments avant de dormir, on prédispose notre cerveau à une perspective positive encore plus durable. Ces cinq éléments peuvent être des faits survenus dans la journée, des personnes qui nous entourent et qui nous font du bien, des éléments de la nature, un bon repas, le confort de notre maison, un moment partagé avec notre animal de compagnie, le simple fait d'être en santé, etc. Si on a accompli quelque chose dont on est particulièrement fier, on peut également être reconnaissant envers soi-même. En adoptant cette habitude, on pourra en observer les effets positifs tout au long de la journée. Des choses que nous remarquions à peine auparavant vont capter notre attention pour le mieux. On sera plus attentif aux cadeaux de la vie.

Cette nouvelle attitude de reconnaissance entraînera un plus grand bien-être et un état d'esprit beaucoup plus serein et satisfaisant. Mais ce changement pourra peut-être engendrer l'apparition de la culpabilité. Une personne qui découvre les sensations de bien-être et qui, auparavant, ne se croyait pas digne d'exister aura tendance à ressentir de la culpabilité face au bonheur. Tout le monde naît avec le droit d'exister et d'être heureux (il est même inscrit dans la Constitution américaine que chaque Américain a droit à la poursuite de son bonheur personnel). Il faut se libérer de cette culpabilité au même titre que nous nous sommes permis d'exister. Le bonheur est une des grandes récompenses de la vie ; il s'apprécie sans limite et sans retenue.

On peut prendre exemple sur des gens qui suscitent notre admiration. Ceux qui, d'après nous, retirent le maximum de l'existence. Après avoir identifié ses mentors, on observe leur comportement dans les différentes situations de la vie ; quelles attitudes adoptent-ils lorsqu'ils sont mis au défi ? Lorsqu'ils vivent des situations difficiles ? Une fois ces attitudes identifiées, on peut les adopter à son tour, graduellement, une par une. Ce processus d'identification positive pourra nous apporter du réconfort, car on ne plonge pas tout à fait dans l'inconnu ; on a un modèle sous les yeux.

Pour terminer cette section sur les moyens de se donner ce qui nous manque, revenons à des notions déjà exposées. Le plus beau cadeau que l'on puisse se faire est la pleine conscience de soi. Une attitude à privilégier en cas de situation stressante est de faire une pause, afin de se donner le temps d'identifier ce qui se passe en nous et ainsi de mieux réagir. Cette pratique reflète avant tout le respect que nous avons pour nous-mêmes, mais aussi pour l'autre, dans notre désir de répondre adéquatement à la situation. En laissant résonner les émotions à l'intérieur de nous avant de réagir et de passer à l'action, nous nous donnons de meilleures chances d'être authentiques.

La prise de conscience de soi, c'est aussi porter une attention particulière à nos comportements nocifs. Ne pas tenter de les éviter automatiquement à tout prix, mais les analyser; nous y trouverons peut-être une intention inconscience positive. Une part de nous tente de nous communiquer quelque chose en nous poussant vers ces gestes néfastes. Quelle est la motivation sous-jacente? Y a-t-il une leçon positive à apprendre? La souffrance engendre souvent de grands apprentissages de vie. Peut-être que cette pulsion qui nous pousse à adopter un comportement limitant ou négatif révèle un élément important, une notion essentielle dont nous pourrions retirer des bénéfices.

Une façon de s'aider soi-même en sachant que l'on a tendance à établir des relations de dépendances affective en amour, c'est de maintenir des attachements ou des activités qui nous tiennent à cœur en tout temps, qu'on soit en relation amoureuse ou non. Même si dans la première phase de la relation on ne désire être qu'avec l'être aimé, il faut se garder des périodes de temps dédiées à autre chose et les partager avec d'autres personnes. Maintenir les liens avec sa famille et ses amis quand on est dans une relation amoureuse génère un meilleur équilibre émotionnel. Les gens qui sont proches de nous et qui nous aiment désirent normalement que nous soyons heureux. Ils peuvent nous fournir un point de vue plus objectif sur ce que nous vivons dans la relation amoureuse. Entretenir les liens avec nos proches permet également de nourrir notre individualité, de maintenir un ancrage sur notre authenticité. Dans la relation de dépendance affective, les partenaires jouent souvent le jeu de la séduction et de l'identification à l'autre, ils obéissent à une pulsion qui les fait se détourner d'eux-mêmes pour mieux séduire l'autre. Les liens maintenus avec la famille et les bons amis permettent de réfréner cette pulsion ; les gens qui nous connaissent bien nous ramènent vers notre essence. Ils constituent également un bon soutien pour les périodes où la relation ne va pas bien ou qu'elle est carrément en rupture. Si aucun lien en dehors de la relation amoureuse n'a été maintenu, il devient délicat d'aller demander de l'aide ou de chercher du soutien auprès de ces personnes que nous avons délaissées. Il est également de bon conseil de poursuivre ses activités de loisirs ou autres passions personnelles. Nourrir sa passion personnelle nourrit son couple. Cela nous permet d'évacuer des tensions et de nous concentrer sur autre chose pendant un certain temps. Peut-être qu'à court terme, au début de la relation amoureuse, l'élan à poursuivre ses activités personnelles sera moins grand, il demeure qu'elles seront bénéfiques à long terme. Somme toute, maintenir ses activités et ses relations extérieures à la relation amoureuse permet de diminuer la soif d'attachement engendrée par le manque et favorise l'épanouissement de la relation amoureuse.

Nourrir son essence et son identité propre par la pratique d'activités et d'échanges avec son entourage permet peu à peu de développer son autonomie et de bâtir une relation plus solide avec son partenaire. Lorsqu'on est plus autonome, on peut cesser de se sentir coupable de ce qui ne fonctionne pas chez l'autre. On peut faire la distinction entre ce qui nous appartient personnellement, ce qui appartient à l'autre et ce qui appartient au couple. Ce qui représente trois niveaux de responsabilisation différents. Dans le premier cas, nous sommes responsables à 100 % ; dans le deuxième, nous avons 0 % de responsabilité ; et dans le troisième, c'est un partage 50-50 de responsabilités. On doit réaliser que seul notre partenaire peut trouver les solutions à ses problèmes de vie ou relationnels ; nous n'en sommes pas responsables. Nous n'avons pas à entrer dans cette dynamique culpabilisante. Tout comme nous avons dû le faire, le partenaire doit entreprendre sa propre démarche personnelle et faire les constats qui s'imposent. On ne peut se responsabiliser de quelque chose ou de quelqu'un qui échappe à notre contrôle. Le seul contrôle que l'on peut exercer est celui envers soi-même. À part notre propre personne, tout ce qu'on essaie de contrôler finit inversement par nous contrôler. Être là pour notre partenaire, pratiquer l'écoute active et lâcher prise sur les résultats anticipés voilà la meilleure attitude à adopter pour notre propre bien et celui de notre couple.

Par contre, si on vit une période de célibat au cours de ce travail sur soi-même, une attitude constructive à adopter est de continuer à progresser comme si on devait demeurer seul pour le reste de sa vie, tout en étant ouvert aux opportunités amicales ou amoureuses qui se présentent. Ces doubles qualités, l'ouverture aux autres et la confiance de bien vivre avec soi-même, travaillent de concert pour assurer un plus grand bien-être. En étant ouvert à la vie et à ce qu'elle nous offre, on pourra mieux profiter des occasions qui se présentent à nous. Si on ne se referme pas sur soi-même, on peut remarquer le voisin de café qui nous sourit ou le regard invitant de cette amie lors d'une sortie de groupe. De plus, la confiance en soi que dégage une personne est souvent considérée comme une qualité des plus attirantes. Ne pas chercher à tout prix à former un couple diminue les attentes ressenties et nous rend moins désespérés, plus aptes à rencontrer un partenaire qui nous conviendra mieux.

Apprendre à mieux communiquer

La mauvaise qualité de la communication avec les autres peut devenir, on l'a vu, un obstacle dans les relations interpersonnelles, spécialement dans celles qui nous sont les plus chères. Les gens avec qui on partage le plus d'intimité sont ceux avec qui on veut le mieux communiquer et elles sont celles où l'émotivité prend le plus de place. La relation amoureuse nécessite une ouverture vers l'autre. Pour se lier à l'autre, il faut pouvoir se comprendre au-delà des gestes et de la relation sexuelle. Souvent, cette dernière est même utilisée comme moyen de pression lors de conflits ou de mésententes.

Le premier aspect que j'aimerais aborder concernant la communication est celui de l'écoute. Pas seulement entendre l'autre, mais bien l'écouter, le comprendre. Dans la vie de tous les jours, on croise souvent des gens qui ne s'engagent pas dans de véritables conversations. Ils ont l'air de discuter avec les autres, mais en fouillant plus loin, on se rend compte qu'ils ne font que monologuer. Ils émettent constamment, mais ne se préoccupent même pas de recevoir le message de l'autre. En situation conflictuelle, cette tendance s'aggrave, car bien des gens veulent « gagner » l'argumentation. Ils fonctionnent alors comme des avocats qui débattent en utilisant tout ce qu'ils peuvent pour prouver leur point et défendre leur cause. Ils entendent l'autre seulement dans l'optique de réfuter ses arguments et non pour essayer de comprendre son point de vue. Ce procédé est bien sûr efficace lorsqu'il y a un litige en cour, mais il est contreproductif dans les relations interpersonnelles. Si on veut aller au fond des choses et vivre plus en harmonie avec son partenaire, on doit vouloir savoir ce qui se passe en lui, ce qu'il pense et ce qu'il ressent. L'objectif d'une discussion n'est pas de gagner une bataille. Les deux membres d'un couple ne sont-ils pas dans la même équipe ? Le but recherché est double ; il est de mieux comprendre l'autre et de se faire mieux comprendre par l'autre. Une fois la compréhension mutuelle établie, on peut se mettre en mode solution et trouver une position de compromis satisfaisant les deux côtés. La satisfaction mutuelle demeure l'un des objectifs premiers de la relation amoureuse. Être à l'écoute de l'autre signifie également délaisser son point de vue pour un moment, se retirer de l'équation et tenter d'adopter la perspective de l'autre autant que possible. C'est une écoute active qui permet d'accroître son objectivité, donc de prendre les choses moins personnellement, d'être moins sur la défensive lorsqu'on reçoit le message de l'autre.

La communication est un art. Il suffit quelquefois de changer un seul mot ou de modifier subtilement le ton de sa voix pour que le message envoyé diffère complètement de notre intention première. Comme on ne peut contrôler autre chose que soi-même, il est généralement préférable de parler au « je » et de ne pas contredire ce que l'autre communique au « je ». On ne peut présumer de ce que l'autre vit ou désire communiquer sans le valider. Faire cet effort est difficile au début. On est dans l'émotion du moment, on se sent envahi par des sensations négatives et les effets de ce que l'autre a accompli comme geste nous semblent très évidents. Il devient difficile de ne pas traiter tout cela comme une évidence bien visible. Pourtant, il le faut, car l'autre est envahi lui aussi par l'évidence, elle n'est tout simplement pas la même. Parler au « je » transforme l'échange d'une guerre de pouvoir (ayant pour symptômes des accusations et du pointage de doigt) à une discussion qui permet de transmettre de l'information d'un côté comme de l'autre. Par exemple : « Cette situation me met une pression supplémentaire, car je ne sens pas que tu me fais confiance. Je ne me sens pas bien lorsque le ton monte. En te disant telle chose, mon intention première était de... », et ainsi de suite. Si l'autre exprime ce qu'il ressent, comment il perçoit une situation donnée, tout ce que vous pouvez faire est de transmettre votre perception des choses sans renier son ressenti émotionnel. L'échange communicationnel pourra éventuellement changer la perception d'une situation, mais ne changera jamais la façon dont chacun s'est senti initialement.

Dans une situation conflictuelle, une approche constructive consiste à redire à l'autre, en ses mots, ce qu'on croit qu'il tente de nous communiquer, jusqu'à ce que les deux soient d'accord sur le message. Ne changez pas de rôle (émetteur-récepteur) avant que cette validation se soit conclue par une compréhension mutuelle identique. Plus la discussion porte sur un point sensible ou douloureux, plus cette approche est constructive et efficace. Encore une fois, l'exercice pourra sembler laborieux de prime abord, mais avec la pratique et plus vous porterez une oreille attentive à l'autre sans présumer de rien, plus à l'aise vous deviendrez à communiquer les vraies affaires, à faire face aux difficultés relationnelles de votre couple. Un bon test pour évaluer la qualité de l'échange est de se concentrer sur les émotions ressenties après avoir terminé la discussion. On peut éprouver de la satisfaction même si tous les aspects du conflit ne se sont pas réglés pendant l'échange. Simplement sentir que l'on a été compris par l'autre et que l'on a une meilleure compréhension de la perspective ou du point de vue de l'autre est très satisfaisant en soi. On a l'impression de progresser dans notre relation et de se sentir encore plus près l'un de l'autre. Si, au contraire, on sort de la discussion avec un goût amer dans la bouche, avec la nette impression d'avoir voulu échanger avec un mur ou de s'être tellement protégé que l'autre n'a pu nous rejoindre, on devine que l'échange n'a pas engendré les résultats espérés.

La communication lors de situations conflictuelles en relation de couple est un exercice de vulnérabilité. En ayant le courage de laisser parler son cœur au lieu de se battre pour gagner la bataille, on arrivera à des résultats plus satisfaisants. Mettre son ego de côté, abaisser ses défenses et se sentir sécurisé dans la conviction que, tout autant que nous, l'autre veut notre bien, entamer la discussion avec une motivation positive, voilà autant d'attitudes bénéfiques qui permettent de créer un lien intime solide et constant. Ne poursuivre la discussion que si les deux partenaires adoptent un ton et un vocabulaire respectueux. Si l'un des partenaires est contrôlé par ses émotions, il vaut mieux remettre la discussion à plus tard. Comme nous l'avons déjà vu, il est important de prendre une pause pour vivre ses émotions du moment, les surmonter, se faire une meilleure idée de ce qui les a déclenchées et mieux prendre conscience de tout ce qui nous habite. Ce n'est qu'une fois bien remis de nos émotions que nous pourrons entretenir un dialogue constructif.

Établir une dynamique communicationnelle qui dévoile notre part de vulnérabilité à l'autre est un acte très courageux, car il implique la suppression de nos défenses, notre mise à nu. Ce que nous avons de plus précieux est exposé au regard de l'autre et à son possible jugement. C'est pourquoi la confiance et le respect sont si essentiels à une relation de couple satisfaisante. De plus, si on respecte son partenaire, on n'adoptera pas une attitude où on utilise ses propres paroles contre lui, car il nous a parlé en nous accordant sa confiance.

Avant d'entamer une discussion portant sur un point sensible de la relation, il est bon de prendre conscience de ce qui importe le plus pour nous à ce moment-là. Si notre motivation est de trouver une solution qui nous satisfera tous les deux, on est déjà dans la bonne voie, dans un mode constructif. Il ne faut cependant pas oublier cette motivation première en cours de route. Au fil du temps passé ensemble et des nombreuses discussions menées, il s'est établi naturellement une dynamique communicationnelle particulière au couple. Souvent, au milieu des échanges se pointent des éléments du passé qui n'ont pas été résolus ou qui sont encore des éléments déclencheurs d'émotions négatives. Dans ces moments-là, on se doit d'être particulièrement vigilant, de ne pas oublier notre motivation initiale à avoir engagé la discussion. Lorsqu'un élément de la discussion déclenche une émotion négative, on ressent de la souffrance, de la déception, un mal-être général. Dans ces moments-là, on pourrait éprouver une pulsion irrésistible à causer pareille souffrance à l'autre. On met de côté notre intention première, axée sur la recherche de solution, pour maintenant provoquer l'autre, afin qu'il ressente à son tour de la souffrance, ce qui pollue la discussion et fait obstacle à l'atteinte des résultats désirés. Cela démontre également que, parfois, on sait exactement comment poursuivre la conversation de façon constructive, mais qu'on choisit de se laisser envahir par ses émotions. Après coup, on se demande comment les choses ont pu déraper autant, mais, dans le fond, on sait exactement pourquoi. À un moment crucial de la discussion, on n'a pas su résister à cette pulsion contreproductive et on s'est détourné de l'intention première.

Mon père dit souvent qu'il faut être deux pour se chicaner. C'est bien vrai; il est difficile de se chicaner tout seul! En répondant pacifiquement à l'autre, on élimine un des deux participants de la bataille, ce qui peut mettre fin au conflit. Si l'autre essaie de le déclencher en appuyant sur nos points sensibles, la meilleure façon d'y répondre est de le faire pacifiquement, en se concentrant sur l'intention première de la discussion, qui est de trouver une résolution au conflit, mutuellement satisfaisante. Ce choix de réaction empêche de «mordre à l'hameçon» émotif et ainsi évite de perpétuer un mode de communication dysfonctionnel. Trop souvent, dans un échange émotif, on perd de vue ce que l'on voulait accomplir, et on réagit aux émotions qui nous envahissent. Encore une fois, pratiquer un certain détachement en faisant fi des «attaques» de l'autre, en n'adoptant pas une approche défensive et en ne prenant pas ce qui est dit nécessairement comme une attaque personnelle, permettra la résolution du conflit. Gandhi, Mandela, Martin Luther King sont tous des modèles de persévérance dans leur approche pacifique à la violence qui leur était imposée, et au final, les causes qu'ils défendaient ont progressé. Ils ont tous fait avancer l'humanité. Inspirons-nous de ces grands hommes dans nos relations de tous les jours; devenons des facteurs de changements positifs à notre échelle.

Être fidèle à soi-même, le défi de sa vie

Nous seuls pouvons relever les défis de notre vie. C'est notre mission individuelle. Connaître notre essence et vivre selon qui nous sommes. Lors d'une entrevue, Oprah Winfrey racontait qu'à ses débuts elle avait identifié Barbra Walters comme étant la meilleure intervieweuse du moment et elle avait pris la décision de l'imiter pour obtenir du succès à la télévision. Elle avait alors adopté un style emprunté, dans lequel elle n'était pas à l'aise, car ce n'était pas sa façon naturelle d'être, jusqu'à ce qu'elle se rende compte que seule Barbra Walters pouvait agir tout à fait comme Barbra Walters et qu'elle n'en serait jamais qu'une pâle imitation. Elle pouvait par contre devenir la meilleure Oprah Winfrey sur la planète; c'est ce qu'elle a décidé de faire en obtenant le succès qu'on lui connaît maintenant. C'est la même chose pour chaque individu sur la planète. On n'a pas à être comme un autre pour obtenir le succès; on doit simplement trouver qui on est et vivre la plus profonde expérience possible de cette essence.

Vivre sa propre authenticité nous libère et nous permet d'accéder à notre pouvoir personnel. Tous ceux qui doivent vivre dans le secret de leur orientation sexuelle, ceux qui sont nés hommes de corps mais avec une identité féminine ou le contraire, ceux qui persistent à vivre une relation conjugale sans amour, ceux qui travaillent pour survivre sans aimer ce qu'ils font, tous ces gens ne vivent pas pleinement leur authenticité et cela a un prix. La liberté de vivre son authenticité vient du fait que l'on ressent un bien-être, une satisfaction, un bonheur, qui viennent tous de l'intérieur de soi. Ce n'est plus l'extérieur qui dicte notre état d'esprit, qui évalue nos succès, qui augmente notre estime de nous-mêmes ou notre confiance en nos moyens. On vit en résonnance avec ce qu'il y a de plus profond en nous. De cette profondeur surgissent les sensations les plus positives, les plus constructives. Faire des choix, accomplir des gestes, adopter une attitude en concordance avec son essence propre engendrent les mêmes sensations que celles qu'éprouve un sportif de haut niveau qui fait une performance où il est dans la « zone ». On a tous pu voir des performances sportives où tout ce qu'accomplit l'athlète paraît facile, où il réussit une performance extraordinaire apparemment sans effort, où tout semble s'accomplir avec fluidité et aisance (je pense personnellement à Roger Federer, mon joueur de tennis favori, mais il y a beaucoup d'autres exemples). Lorsque tous les aspects de notre existence sont en alignement avec notre essence, soudainement, nous aussi, nous sommes dans la « zone » ; la vie ralentit autour de nous, on éprouve une aisance à exister et à relever les défis de notre vie. Tout s'éclaircit, notre perception devient globale, on fait des liens, tout s'explique. On en retire énormément de satisfaction. Surtout que l'on s'est tellement débattu pour ne pas aller au fond de soi, on a eu si peur d'affronter cet étranger que nous étions, qu'une fois arrivé à destination, tout nous semble accessible et surmontable. Cet état de grâce ne s'installe pas de façon définitive, on doit demeurer vigilant et vivre sa vie au moment présent, en concordance avec son essence. On se laisse alors aller, on a confiance en la vie, en nous, en nos moyens, on n'essaie plus de contrôler tous les aspects de notre destinée.

Résister à son authenticité engendre de la souffrance et ne fait qu'augmenter les problèmes auxquels on doit faire face. En perdant notre énergie dans la résistance, on n'offre pas le meilleur de soi-même ; une partie de nous est ailleurs et nous freine. En s'abandonnant à la vie, en vivant le moment présent sans tenter de le contrôler, la souffrance disparaît. En fait, en lâchant prise, on résout une bonne part des problèmes qui se présentent à nous. On ne réagit qu'à ce qui se produit réellement (et non à tout ce que l'on a imaginé qui pourrait survenir ou encore regretter ce qui aurait pu advenir). Il est bon aussi d'examiner de plus près les éléments qui engendrent le plus de résistance, car souvent ce sont ceux dont nous avons le plus besoin, comme le démontre la résistance extrême à amorcer une démarche personnelle à aller à la rencontre de soi. On devine que le contact avec son essence est ce dont on a le plus besoin dans son existence.

Pour chacun de nous, notre contribution personnelle à l'humanité est l'expression de notre essence. Plus nous sommes fidèle à nous-mêmes, plus nous contribuons. Les moments où nous aidons le plus les autres sont ceux où nous sommes le plus authentiques, pas ceux où nous tentons de leur venir en aide ou ceux où nous essayons de leur apprendre quelque chose. Les parents le savent bien quand ils découvrent que leurs enfants ont imité leur façon d'accomplir une tâche sans qu'ils aient eu besoin de leçon. Les enfants nous surprennent également lorsqu'ils font l'apprentissage d'un de nos comportements que nous n'aimons pas. Raison de plus pour s'efforcer de vivre au maximum selon qui nous sommes vraiment; la génération suivante apprendra à faire de même.

Chapitre 7
Cheminement vers l'autonomie

On a exploré, dans la section précédente, les moyens de s'aider soi-même à mieux se sentir, à changer sa perspective de manière à éprouver moins de souffrance. Le but ultime est de trouver le bonheur à l'intérieur de soi en ayant confiance en ses moyens et en la vie, par opposition à la recherche constante du bonheur à travers l'autre, à l'extérieur de soi, en tentant d'obtenir de la reconnaissance et l'approbation d'autrui. Cependant, comme dans tout changement important, le but ne s'atteint pas par magie au cours d'un instant crucial. On ne devrait pas s'attendre à se réveiller un matin complètement différent de la veille. Modifier son rapport avec soi-même et sa perspective en ce qui concerne l'univers est un processus comportant plusieurs étapes, dont des rechutes, et qui requiert aussi beaucoup de persévérance, de constance et de patience pour se concrétiser sur le long terme.

Selon Howard Halpern[21], passer de la dépendance affective à l'autonomie est un processus qui comporte dix phases.

---

21. Howard HALPERN. *Choisir qui on aime, de la dépendance à l'autonomie*, 2013, Les Éditions de l'Homme.

1. La rupture initiale. Mettre fin à la relation de couple lorsqu'on estime qu'elle n'est pas une relation amoureuse, mais bien l'expression d'une dépendance affective.

2. Le deuil de la relation. C'est une étape qui peut sembler aisée, mais c'est peut-être la plus difficile, puisque ce que nous avions imaginé de l'autre et de la relation de couple était en parfait accord avec nos besoins et nos désirs. Très souvent, on s'accroche longtemps à l'idée que cette personne était notre partenaire idéal en oubliant tous les « si » qui s'ajoutent à cette pensée. « Elle est parfaite pour moi, si seulement elle pouvait changer tel comportement, telle attitude, telle réaction... Il représente tout ce que j'ai jamais voulu, si seulement il pouvait se rendre compte de ceci ou de cela... » Dès qu'on ajoute un conditionnel représentant une volonté de changement de l'autre, on n'est plus dans l'idéal. Plus il y a de conditionnel, moins grand est le potentiel de la relation.

3. Les critères de sélection du partenaire demeurent inchangés. Ce sont en fait ceux qui nous ont précipité dans la relation de dépendance affective initiale. On demeure donc attiré par des personnes représentant un mauvais choix pour soi.

4. La prise de conscience de notre conditionnement. C'est une étape cruciale. On se rend compte que nos critères de sélection et notre perspective du couple engendrent les insuccès amoureux.

5. La fin du conditionnement de l'attirance à un mauvais choix pour nous. Une fois que l'on est conscient d'une façon de faire non performante, on est généralement porté à l'abandonner pour en essayer une plus susceptible de nous apporter le résultat désiré.

6. La répulsion de ce qui autrefois nous attirait. On arrive au point où ce qui nous attirait dans le passé, pour les

mauvaises raisons, maintenant nous révulse. On est sur la bonne voie, car cette répulsion nous aide à maintenir le cap vers l'expérience d'une vie de couple plus satisfaisante. On ne se bat plus contre ses impulsions premières, contre soi-même, en fait.

7. L'effort du bon choix. Malgré la répulsion pour les mauvais choix passés, un effort doit être fait pour aller vers ce qui représente des bons choix pour nous. Le transfert vers ces meilleurs choix n'est pas un processus automatique.

8. Les bons choix de partenaires ne sont pas perçus comme excitants. Après l'exaltation de la dépendance affective, semblable à une permanence de la phase passion de l'amour gratifiant, les choix de partenaires plus adaptés peuvent nous sembler au départ dénués d'excitation.

9. La prise de conscience des raisons de la non-attirance envers ce qui est bon pour nous. Notre soif d'attachement menée par notre enfant intérieur, ne partage pas notre objectif de trouver le bonheur par nous-mêmes. Comme les objectifs sont opposés, notre ressenti sera contradictoire. En se donnant le temps de persévérer, tout en soignant notre enfant intérieur, les objectifs finiront par s'enligner.

10. L'apparition de nouveaux critères de séduction. La dernière phase vers l'autonomie est l'adoption de nouveaux critères de sélection du partenaire amoureux. En étant conscient de nos besoins, de la relation amoureuse que nous désirons vivre et en étant mieux avec soi-même, capable de bien vivre seul, on pourra mieux choisir quels sont les meilleurs critères de sélection d'un partenaire amoureux avec qui on partagera le quotidien avec bonheur. À ce moment-là, le sentiment amoureux ne sera pas déterminé par la soif d'attachement, ce qui réduit les possibilités de conflits et diminue les

attentes placées à l'extérieur de soi, ainsi que les déceptions et la colère.

Le chemin entre l'état de dépendance affective et celui de la confiance en son autonomie est ardu; il demande du travail. Comme on vient de le voir avec les dix phases décrites, certaines étapes ne seront pas agréables et sembleront peu naturelles. Pour certains passages, on devra aller à l'encontre de ses émotions, de son ressenti pour atteindre son objectif. Ce qui est, somme toute, assez logique puisque, dans le passé, en réagissant automatiquement et de façon impulsive à son ressenti (manque et souffrance), on a abouti à la dépendance affective. Pour inverser cet état, on devra faire des efforts et résister à notre pulsion émotionnelle.

Au fil du temps, l'indépendance se développe par la capacité de se rassurer soi-même en utilisant certaines parties de soi pour en guérir d'autres. En utilisant son imagination pour créer à l'intérieur de soi une part qui joue le rôle d'un parent aimant à celle qui est en souffrance et en manque, on devient peu à peu autonome et les espaces stériles de souffrance disparaissent. Cette nouvelle autonomie et ce nouveau sentiment de sécurité favorisent une meilleure estime de soi, un plus grand respect de sa personne et de ses limites. Ce qui, en retour, diminue le rôle de notre ego dans les moments décisifs de notre vie. On sent assez de sécurité et de confiance en soi pour s'ouvrir à l'autre, pour lui révéler sa vulnérabilité, pour lui montrer des signes d'affection évidents, sans avoir peur de perdre quoi que ce soit, sans être en relation de pouvoir.

Le travail de développement personnel à faire sur soi-même est exigeant. Il requiert beaucoup d'efforts et est parsemé de petites victoires, aussi bien que de reculs. Ce n'est pas une route tranquille et linéaire ou un long fleuve tranquille. Dans ces moments de sensations d'échec où l'espoir d'y arriver se fait bien mince, un bon antidote est d'adopter une attitude d'autocompassion, de bienveillance, de reconnaissance de son humanité, tout comme on le ferait pour une personne qu'on aime beaucoup et qui se trouverait dans la même situation. La part d'« adulte » en nous possède les capacités de prendre du recul et d'observer ce qui se passe avec objectivité et compréhension. Elle peut, par la suite, consoler celle qui souffre de cette dérive temporaire. S'attendre à subir des revers dans sa démarche est également bénéfique. Le fait de savoir que ceux-ci font partie du processus normal diminuera l'anxiété ressentie lorsqu'ils surviendront. Le fait aussi de savoir que l'on ne subira pas une transformation immédiate d'un état à l'autre, que les étapes sont nombreuses et normales aidera à gérer ses attentes. On pourra se concentrer sur les bénéfices de la satisfaction à long terme plutôt que sur le plaisir immédiat.

Personnellement, j'aime les listes et les processus en étapes, j'y trouve du réconfort et un certain sens d'accomplissement dans mon quotidien. J'aime également les phrases simples qui résument des concepts plus complexes et m'apportent ainsi du soutien. Dans cette optique, j'ai trouvé dans le livre de Géraldyne Prévot-Gigant[22], *50 exercices pour sortir de la dépendance affective*, une liste des dix commandements anti-rechute qui m'a semblé fort astucieuse et un brin rigolote. En plein le genre d'outil que je trouve particulièrement salutaire ! Voici donc ces dix commandements anti-rechute pour vous aider dans votre démarche personnelle.

1. Ton impulsivité, tu contrôleras
2. Tes émotions, tu accepteras
3. Plusieurs fois par jour, à toi tu penseras
4. Anticiper les besoins de l'autre, tu ne feras plus
5. Du bonheur, tu donneras
6. Dire non, tu sauras
7. Faire patienter le courtisan, tu feras
8. La solitude, tu apprécieras

---

22. Géraldyne PRÉVOT-GIGANT. *50 Exercices pour se sortir de la dépendance affective*, 2012, Éditions Eyrolles.

9. Ton avis, tu affirmeras

10. Ta liberté, tu protégeras

Ce sont des énoncés qui ont du punch et qui peuvent nous ramener rapidement à un meilleur état d'esprit ou à un comportement plus positif.

Chapitre 8
Trouver un partenaire amoureux pour soi sans dépendance affective

Contrairement à ce que le titre de cette section pourrait laisser entendre, le travail sur soi n'a pas pour but ultime de se trouver un partenaire amoureux. Il n'a pas non plus comme objectif final de perpétuer un état de célibat. Le développement personnel par la prise de conscience nous aide à mieux vivre, à faire l'expérience de plus d'harmonie et de bien-être, et à nous connecter à notre authenticité. Ces efforts pour mieux se connaître et faire de meilleurs choix menant à un nouvel éveil pourraient également permettre une relation amoureuse saine et réussie. Le choix du partenaire amoureux est un des aspects les plus déterminants dans le succès de la relation future. En général, les expériences passées et le poids des années nous révèlent assez brutalement ce que l'on n'aime pas retrouver dans une relation amoureuse. On est bien au fait de ce qui nous déplaît. Savoir ce qui constitue pour nous les qualités essentielles recherchées chez un partenaire demande une bonne dose de réflexion ; c'est moins automatique.

La personne parfaite n'existe pas, la perfection n'étant pas à proprement parler une qualité humaine. De toute façon, être en relation avec une telle personne engendrerait beaucoup de frustrations, d'incompréhension et de sentiments d'isolement, car en faisant soi-même inévitablement des erreurs, on se sentirait inadéquat et inférieur. Cela étant dit, il demeure que la personne que nous recherchons doit posséder certaines caractéristiques spécifiques pour qu'une dynamique satisfaisante puisse s'établir. En étant conscients de qui nous sommes et de nos préférences en matière de relations interpersonnelles, nous devons déterminer quelles sont les qualités indispensables que l'autre doit posséder pour représenter un bon choix pour nous. La liste ne devrait comporter que les qualités dont on ne peut se passer. On doit pouvoir démontrer une ouverture d'esprit pour ce qui nous plaît moins ou ce qui est différent de nous. Toute relation amoureuse comporte son lot d'insatisfactions. Il s'agit d'être conscient de celles que vous pourrez accepter ou tolérer plus aisément.

Le changement proposé dans le processus de sélection d'un nouveau partenaire amoureux est qu'il devrait s'accompagner d'un peu plus de réflexion afin d'agir moins sous l'emprise de l'impulsion. Maintenant qu'on a en tête les qualités recherchées chez l'autre, on aura plus de chances de les trouver. Dans le passé, lorsque la dynamique amoureuse était sous l'influence de la dépendance affective, on adhérait à de fausses croyances sans jamais aller vérifier leur validité. On avait conclu, par exemple, que l'autre avait un style de vie actif, car il avait accepté notre invitation à aller faire une promenade en raquettes. Or, son style de vie se situe à l'opposé de l'action, ce fut la seule fois qu'une activité sportive fut pratiquée par le couple. Pourtant, votre croyance du contraire est demeurée inchangée. Maintenant, on ne peut se permettre un tel aveuglement avec tout ce que l'on a appris sur soi et sur ses relations avec autrui. Si l'on ne peut se baser sur des faits indiscutables, le mieux est d'entamer des discussions pour aller au fond des choses et ainsi adopter un point de vue plus conforme à la réalité. Si on revient à notre exemple, après avoir demandé à l'autre s'il considère qu'il a un style de vie actif, demandez-lui de développer sa réponse.

S'il se considère comme actif, quel sport ou activité pratique-t-il et surtout à quelle fréquence ? Vous pourrez alors juger par vous-même si cela correspond à votre conception d'une vie active. Tout cela peut sembler peu romantique, mais rien n'est plus romantique que d'établir un véritable lien avec l'autre, que d'avoir un échange où on se comprend mutuellement au plus profond de nous-mêmes. Dans ce cas, l'attirance s'arrime plus à la profondeur du lien qu'au mystère de l'inconnu.

Avec l'attirance, on touche au nœud de la problématique de la sélection d'un nouveau partenaire amoureux. Que fait-on lorsque la personne rencontrée semble posséder toutes les qualités indispensables de notre liste, mais que la chimie n'opère pas, que l'attirance n'y est pas ? On doit d'abord se donner une chance et en donner une à l'autre. Le coup de foudre, ou la sensation que c'est LA personne pour nous de façon immédiate, n'est pas nécessairement le meilleur critère de prédiction d'une relation amoureuse saine. Après l'excitation des débuts, similaires à une relation de dépendance affective, les nouvelles relations établies à cette étape-ci sont fort probablement vécues différemment. Les hauts et les bas ne sont pas aussi abrupts. L'écart entre les sommets et les vallées de la vie émotionnelle se rétrécit. Le fond du baril est moins profond et la passion fusionnelle, moins prononcée. En voulant diminuer la souffrance vécue (descendre moins bas), on doit prendre conscience que les pics seront nécessairement moins élevés. L'un affecte l'autre et vice versa.

Dans le processus de guérison de la dépendance affective, il peut survenir que les partenaires potentiels semblent tous très ennuyeux. On ne trouve plus cette excitation irrésistible à l'autre, celle engendrée par les risques et les dangers perçus. On ne vit plus autant de drame, et les montagnes russes des émotions affectives ont terminé leur parcours. Les gens heureux n'ont pas d'histoire. Le paradigme a changé. En donnant une chance au candidat qui répond à nos critères, on découvrira peut-être quelque chose de mieux encore que l'excitation devant les risques et les dangers. Il faut se laisser un espace d'apprivoisement de cette nouvelle émotivité plus stable. C'est le compromis du risque de la passion, la transition de son intensité parfois insoutenable au confort et à la sécurité de l'engagement d'un amour mature qui répond à nos besoins profonds. Il se peut également que ce soit notre propre ennui qui soit projeté sur le partenaire potentiel. La démarche personnelle nous a menés vers un chemin plus mature, plus tranquille, moins escarpé, qui semble moins aventureux. En adoptant une stratégie différente avec notre candidat ennuyeux, on pourrait être surpris de découvrir toute une richesse intérieure. S'ouvrir mutuellement l'un à l'autre pour se montrer tel que l'on est, avec ses vulnérabilités, requiert du courage et constitue une grande aventure, parsemée de découvertes.

L'ennui perçu chez l'autre peut être également un symptôme de sabotage inconscient de la personne devant le choix d'un nouveau partenaire. La résistance au changement est un phénomène bien réel et particulièrement applicable à toute personne désirant surmonter sa dépendance affective. Le sabotage inconscient consiste souvent à inverser le processus normal caractérisant la phase passion d'une relation amoureuse. Au lieu de se concentrer sur les qualités du partenaire et d'aplanir les défauts, le sabotage fait en sorte que l'on polarise ses pensées sur les défauts de l'autre en négligeant ses qualités. Une façon de contrer ce type de sabotage est de procéder à un examen exhaustif des caractéristiques de l'autre, le plus objectivement possible, d'être attentif à tout ce qui se passe, le bon comme le mauvais, de ne pas avoir peur de se poser les questions difficiles et d'entamer des discussions avec l'autre. Peut-être aurons-nous à ce moment-là une idée plus représentative de la réalité et, par conséquent, de nos motivations intérieures.

La résistance au changement qu'éprouve notre entourage peut également provoquer une situation de sabotage. Si nous sommes en relation de dépendance affective avec le même partenaire depuis de nombreuses années, les pressions familiales peuvent être considérables pour que nous demeurions dans cette relation, simplement pour que les choses restent inchangées. De façon plus subtile, si nous avons toujours adopté une attitude effacée ou si nous avons toujours soutenu les autres membres de la famille, ceux-ci pourraient ne pas vouloir que les choses changent. Ils pourraient désirer inconsciemment que notre partenaire amoureux soit du type à favoriser notre dépendance affective, et non notre mieux-être, pour continuer à profiter de tout ce que nous leur apportons. Ils constituent donc un obstacle de plus à surmonter dans notre démarche personnelle. Ce n'est pas parce que notre entourage résiste aux changements dus à notre cheminement personnel qu'il a raison de le faire. Nous devons examiner ses motivations et mieux connaître son but.

Notre prise de conscience nous a permis de nous rendre compte de nos schémas amoureux, des raisons qui font que nous sommes attirés par un individu plutôt que par un autre. Si des candidats possédant tous les critères indispensables de votre liste, donc des candidats bons pour vous, vous semblent beiges et sans intérêt, faites l'exercice suivant. Identifiez la caractéristique qui vous attire le plus chez un partenaire engendrant une dynamique de dépendance affective. À présent, cherchez dans cette caractéristique un aspect sain que vous pourriez trouver chez un candidat bon pour vous. La qualité considérée comme très attirante pourrait être, par exemple, l'arrogance, qui vous donne l'impression que cette personne peut tout faire. Un être arrogant manifeste en général de la confiance en lui et une forte estime de lui-même (souvent, ce n'est pas ce qu'il ressent, mais bien ce qu'il montre aux autres). Le critère déterminant de l'arrogance pourrait être remplacé par celui de la confiance en soi ou de la forte estime de soi. De la même manière, si la jalousie de l'autre nous procure de bonnes sensations, nous donne de l'importance, on pourrait plutôt se concentrer sur une personne qui fait preuve d'empathie, qui se préoccupe de notre bien-être et qui s'intéresse à nous. Les aspects nocifs de la jalousie, la volonté de contrôle et l'absence de confiance et de respect, seraient ainsi écartés. Personnellement, bien que le manque d'empathie soit pour moi le pire défaut qu'une personne puisse avoir, je suis paradoxalement le plus souvent attirée par des hommes narcissiques. En décortiquant mon schème de pensées, je me suis rendu compte qu'ils m'attirent parce que je les trouve excitants et allumés. Ils ont bien des choses à raconter et, en général, ils sont passionnés. Je découvre trop tard que ce qui les passionne le plus est leur propre personne. Une solution qui s'offre à moi est d'accorder mon attention à un homme qui se passionne pour quelque chose d'extérieur à lui (il pourrait même se passionner pour moi!), qu'il soit cultivé et confiant en ses moyens. Je pourrais alors bénéficier des quelques bons aspects du narcissique, sans pour autant en subir les nombreux désavantages.

En résumé, les coups de foudre sont très excitants (par coups de foudre, j'entends ici les relations débutées sur les chapeaux de roue, sans réflexion, dans lesquelles on saute à pieds joints et où tout va très vite); ils chamboulent toute notre vie, mais ils ont également le pouvoir de nous rendre très malheureux et sont rarement très sains pour nous. Au moment de la rencontre, la tête et les émotions doivent être impliqués dès le départ. On doit être en mesure de se poser les vraies questions, pour ne pas simplement réagir à notre impulsivité et se dire « advienne que pourra, je n'y peux rien de toute façon ». Dans toute relation, il y a toujours un moment décisif où on choisit d'y aller ou non. Qu'importent les émotions ressenties, c'est à la personne de décider si elle y résiste ou non. L'intensité des émotions ne garantit pas la qualité du choix du partenaire. Il vaut mieux souffrir un peu maintenant, soit en résistant à nos émotions provoquées par le mauvais choix, soit en surmontant le manque d'enthousiasme associé à un candidat ennuyeux, que de s'engager dans une relation de dépendance affective qui nous apportera son lot considérable de souffrance à long terme.

Conclusion

La dépendance affective est difficile à vivre. Ses manifestations affectent principalement les relations interpersonnelles et engendrent une incapacité à exister par soi-même sans souffrir considérablement. On se sent incomplet lorsqu'on est seul avec soi-même. On fait l'expérience douloureuse du manque. Les émotions jouent un grand rôle dans les difficultés perçues. Mues par la soif d'attachement et l'évitement de la souffrance, les personnes dépendantes affectives ne peuvent avoir une intelligence émotionnelle optimale. La dépendance affective place constamment l'individu dans un continuum de manque, d'un côté, et de plénitude, de l'autre. Ces deux pôles régissent la vie au quotidien. La peur de souffrir davantage constitue un frein à une démarche de prise de conscience de soi et de sa mission de vie. On ne vit pas en lien avec son authenticité, et l'extérieur (les événements de notre vie et les gens qui nous entourent) est perçu à travers le filtre de notre dépendance affective. Au fil du temps, on acquiert de fausses croyances, alimentées par des perceptions, un discours intérieur et une perspective qui ne s'ancrent pas dans la réalité vécue. Croire que le bonheur se situe à l'extérieur de soi, qu'une autre personne peut répondre à tous nos besoins et ainsi nous combler de bonheur, est la principale croyance erronée de la dépendance affective.

La source de ce mal prend racine dans notre petite enfance. Pour une raison ou une autre, l'environnement familial n'a pas pu combler convenablement nos besoins émotionnels, de façon que nous puissions avoir une bonne estime de soi et dévelop-per un amour pour nous-mêmes qui nous permette de bien vivre les moments solitaires de notre existence. Une part de nous n'a pas reçu toute l'affection, la tendresse, l'acceptation, la compréhension dont elle aurait eu besoin. Cet enfant inté-rieur, souffrant encore aujourd'hui, est le moteur de la dépen-dance affective. Plus il est aux commandes, plus profonde est la dépendance.

Vouloir transformer sa dépendance affective à l'autre en une dépendance à soi-même signifie, en fait, retrouver les bien-faits de l'amour, du respect, de la confiance et de l'estime de soi à l'intérieur de soi plutôt qu'à l'extérieur. Les effets positifs de la prise de conscience nous procurent le bien-être de vivre en harmonie avec notre être profond, d'expérimenter notre authenticité propre. On devient dépendant de ce nouveau bien-être, de ces nouvelles sensations positives. Choisir une pers-pective plus ancrée dans la réalité en validant ses impressions et en allant au fond des choses évite de vivre bien des souf-frances et des déceptions. De même, surmonter ses peurs afin d'accueillir ses émotions avec bienveillance et acceptation per-met de s'en libérer et, au final, de diminuer la souffrance res-sentie. Devenir dépendant à soi-même, c'est accomplir une série de gestes au quotidien, c'est être vigilant face à ses per-ceptions, à son discours intérieur et à ses relations interper-sonnelles, dans le but d'y trouver son bonheur.

Le travail sur soi contribue à éliminer les sources de souf-france. En revoyant son passé pour s'en affranchir, on permet à des émotions refoulées il y a longtemps d'être vécues pour ne plus réapparaître. Faire l'examen de son passé, de sa petite enfance avec sa perception d'adulte et ses capacités d'adulte remet les choses dans une perspective plus globale, plus objec-tive. Ce qui, en retour, aide à nous pardonner. Notre enfant intérieur éprouve encore beaucoup de culpabilité par rapport à ce qu'il a vécu. Il croit que quelque chose en lui a provoqué les situations malheureuses qu'il a subies. C'est à lui qu'il faut d'abord accorder son pardon. Cet être, dépendant des adultes de son entourage, a survécu au meilleur de ses capacités, en tentant de se protéger du mieux qu'il pouvait. Il a maintenant besoin que l'adulte que nous sommes devenus le reconnaisse, l'aime, le cajole, le réconforte et lui pardonne.

Le processus de guérison de la dépendance affective passe également par une responsabilisation des circonstances actuelles de sa vie. Nos conditions de vie personnelles, professionnelles, familiales, sociales et conjugales sont le résultat de l'accumulation de nos choix, de nos attitudes, de nos comportements, de nos paroles, du contenu de notre discours intérieur, de nos interprétations, etc. En bref, nous sommes responsables de notre réaction aux événements de notre vie et de la perspective que nous adoptons en tant qu'être humain. La clef du bonheur réside donc en soi, dans le fait d'apporter des changements positifs dans sa vie et d'accroître son bien-être général, car on est tout autant responsable des éléments positifs que des éléments négatifs.

Autant nous sommes responsables de notre vie, autant nous ne le sommes pas de celle des autres, aussi intime puisse être notre relation avec eux. Le bonheur de l'autre ne dépend pas de nous, et ce, quelle que soit la profondeur de l'amour qu'on lui porte. Notre partenaire amoureux doit, lui aussi, se responsabiliser par rapport à sa vie et au degré de satisfaction ou d'insatisfaction générale qu'il éprouve au quotidien. Les changements désirés chez le partenaire ne sont possibles que si le cheminement personnel de ce dernier l'amène à vouloir changer ces aspects de lui-même. Nous ne pouvons contrôler que notre vie; pour tout le reste, il nous faut lâcher prise.

La composante principale de la dépendance affective est la fausse croyance que l'autre nous apportera ce qui nous manque pour être heureux. Le partenaire le plus constant d'une personne dépendante affective est l'illusion intimement associée à l'autre et créée de toutes pièces par notre imagination. Pour se sortir de ce cercle vicieux, les pouvoirs de cette même imagination peuvent jouer un grand rôle. Notre enfant intérieur, celui qui obéit à une soif d'attachement, de reconnaissance de sa douleur et de son existence, ne peut être guéri que par nous. Il nous faut faire le deuil d'obtenir réparation de la part de nos parents pour les manques subis à l'enfance. Ces derniers ne seront jamais à même de nous donner maintenant ce qui nous a manqué jadis. Notre partenaire amoureux ne pourra pas non plus subvenir à ce manque, il est extérieur à toute cette dynamique relationnelle. En puisant dans nos forces créatrices déjà très présentes, nous pouvons nous bâtir des parents imaginaires idéaux qui savent exactement ce dont nous avons besoin et qui sont heureux de nous le fournir. Ces parents peuvent devenir aussi réels que l'était jadis notre illusion associée à notre partenaire amoureux, tout en étant beaucoup plus bénéfiques. On deviendra ainsi dépendant de soi-même (à une part de soi) plutôt que dépendant de l'autre, ce qui nous permettra d'éprouver beaucoup plus de bien-être et de satisfaction. La soif d'attachement, ainsi que les autres pulsions engendrées par les manques de notre enfant intérieur, sera nourrie par nos parents idéaux.

Exister dans le moment présent (et non dans l'anticipation du futur ou sous l'emprise du passé), faire l'exercice de validation de ses croyances par rapport à la réalité, aller au fond des choses plutôt que de se fier strictement à ses impressions premières sont tous des moyens de vivre une vie ancrée à son authenticité et en harmonie avec son essence. Pour être dépendant de soi-même, il nous faut être en lien avec qui nous sommes réellement. En ayant le courage de surmonter nos peurs, de contrer notre ego et ainsi de nous connaître davantage, nous éprouverons plus d'amour, plus d'acceptation, plus de compréhension envers l'être que nous sommes. De même, en vivant les émotions qui surviennent sans tenter de les refouler ou de les éviter de quelque façon que ce soit et en observant la dynamique engendrant les diverses émotions en nous, nous poursuivons notre travail de prise de conscience personnelle et nous accroissons notre maturité émotionnelle. Cela nous propulse toujours plus de l'avant dans notre cheminement de vie.

Les outils à notre disposition sont nombreux et variés. L'écriture d'un journal de nos perceptions, de nos pensées, de nos croyances, ainsi que des situations qui se présentent dans notre vie, peut être un témoignage précieux qui jettera un nouvel éclairage sur notre existence. Le journal peut servir à réfuter certaines croyances erronées auxquelles nous étions très attachés ; il peut également rétablir les faits sur le quotidien avec un ex-partenaire amoureux (peut-être moins merveilleux que l'éloignement le laissait paraître), il peut nous permettre de nous libérer d'un trop-plein de pensées obsessionnelles, etc. Apprendre à mieux communiquer peut également réduire les déceptions, éviter les malentendus et empêcher certaines situations de dégénérer en catastrophes. Être attentif à ne pas provoquer de grandes discussions lorsqu'on est sous l'emprise de fortes émotions négatives ; s'allouer une période pour décanter ses émotions avant de s'exprimer ; établir une atmosphère de communication respectueuse dans le ton et le choix des mots ; être à l'écoute de ce que l'autre nous dit ; s'assurer de bien comprendre le message de l'autre et aussi de bien lui transmettre le nôtre ; tous ces moyens assureront une meilleure dynamique communicationnelle.

Prendre un moment pour se recentrer sur soi tous les jours est une autre façon d'éviter de se laisser envahir par les événements et les sensations de notre vie. Ce recentrage est un appel quotidien à vivre le moment présent, à aller au fond des choses. Les réactions impulsives et irréfléchies de jadis ne demandent qu'à revenir ; en étant fidèle au rendez-vous avec soi-même, on se bâtit peu à peu une fondation solide, un rempart de protection contre les anciens réflexes.

Adopter une attitude de reconnaissance pour tout ce qui compose notre vie au présent favorise les sensations de satisfaction. Faire preuve d'envie envers les éléments qui nous font défaut engendre des sensations opposées. La plénitude appelle la plénitude ; le manque n'apporte que le manque. Se concentrer sur ce qui nous apporte de la richesse (dans le sens large du terme) nous procurera non seulement un bien-être immédiat, mais attirera à nous d'autres richesses. Accroître sa gratitude par rapport à la vie n'est qu'une des nombreuses façons de modifier son discours intérieur. Les pensées sont les premières responsables des émotions qui se présentent à nous. Si nous orientons nos pensées vers des perceptions et des interprétations plus conformes à la réalité, elles engendreront le même type d'émotions.

L'écriture de ce livre a provoqué énormément de réflexion dans ma vie personnelle et m'a permis d'avancer dans mon cheminement. Je crois sincèrement qu'avec un effort soutenu, en maintenant un engagement envers soi-même à long terme, on peut changer sa perspective de vie et devenir plus autonome en étant dépendant de soi-même. Toutes les relations de notre vie, y compris celle avec notre propre essence, pourront en bénéficier.

Bibliographie

AUDIBERT, Catherine. *L'incapacité d'être seul : essai sur l'amour, la solitude et les addictions*, 2008, Éditions Payot.

BEATTIE, Melody. *The New Codependancy*, 2008, Simon & Schuster Editors.

BELTON, Monique et Eileen BAILEY. *The Essential Guide to Overcoming Obsessive Love*, 2011, Alpha Books Editor.

BERGER, Véronique. *Les dépendances affectives : aimer et être soi*, 2013, Éditions Eyrolles.

BORGIA, Diane. *Amour toxique*, 2012, Éditions La Presse.

DEMITRO, Dolly. *Accros à l'amour*, 2008, Les Éditions de l'Homme.

GUNTHER, Randi. *Relationship Saboteurs, overcoming the ten behaviors that undermine love*, 2010, New Harbinger Publications Inc.

HALPERN, Howard Marvin. *Choisir qui on aime : de la dépendance à l'autonomie*, 2013, Les Éditions de l'Homme.

POUDAT, François-Xavier. *La Dépendance amoureuse*, 2009, Éditions Odile Jacob.

PRÉVOT-GIGANT, Géraldyne. *50 Exercices pour se sortir de la dépendance affective*, 2012, Éditions Eyrolles.

REYNAUD, Michel, dir. *Traité d'addictologie*, 2006, Médecine Sciences Flammarion.

ROUBEIX, Hélène. *De la dépendance amoureuse à la liberté d'aimer*, 2008, Éditions Eyrolles.

STERNBERG, Robert J. et Karin WEIS. *The New Psychology of Love*, 2006, Yale University.

VARESCON, Isabelle, dir. *Les addictions comportementales, aspects cliniques et psychopathologiques*, 2009, Éditions Mardaga.

VINCENT, Lucy. *Comment devient-on amoureux ?*, 2004, Éditions Odile Jacob.

WITHFIELD, Charles L. *Healing the Child Within, discovery and recovery for adult children of dysfunctional families*, 1987, Health Communications Inc.

Table des matières

MARQUIS

Québec, Canada